立足"三农"，推动乡村振兴：
中国农业农村经济发展创新研究

杨照东　著

中国商务出版社
CHINA COMMERCE AND TRADE PRESS

图书在版编目（CIP）数据

立足"三农"，推动乡村振兴：中国农业农村经济发展创新研究 / 杨照东著 . —— 北京：中国商务出版社，2019.11

ISBN 978-7-5103-3139-8

Ⅰ . ①立… Ⅱ . ①杨… Ⅲ . ①三农问题 – 研究 – 中国

Ⅳ . ① F32

中国版本图书馆 CIP 数据核字（2019）第 246224 号

立足"三农"，推动乡村振兴：中国农业农村经济发展创新研究
LIZU SANNONG TUIDONG XIANGCUN ZHENXING ZHONGGUO
NONGYE NONGCUN JINGJI FAZHAN CHUANGXIN YANJIU

杨照东　著

出　　版：中国商务出版社有限公司
地　　址：北京市东城区安定门外大街东后巷 28 号　　邮　编：100710
责任部门：职业教育事业部（010-64218072　295402859@qq.com）
责任编辑：魏　红

总 发 行：中国商务出版社发行部（010-64208388　64515150）
网　　址：http://www.cctpress.com
邮　　箱：cctp@cctpress.com

排　　版：北京亚吉飞数码科技有限公司
印　　刷：北京亚吉飞数码科技有限公司
开　　本：710 毫米 × 1000 毫米　1/16
印　　张：14　　　　　　　　　　　字　　数：181 千字
版　　次：2020 年 3 月第 1 版　　　印　　次：2020 年 3 月第 1 次印刷
书　　号：ISBN 978-7-5103-3139-8
定　　价：76.00 元

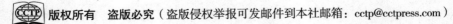

前　言

　　2002年，党的十六大宣告，在已经实现总体小康的目标后，我国将在2020年建成全面小康社会。此后，党中央对"三农"问题给予高度关注，明确提出要把解决好"三农"问题作为全党工作的重中之重。党的十八大以来，中国进入实现全面建成小康社会的决胜阶段。党的十九大从党和国家事业全局出发，作出实施乡村振兴战略的重大部署。习近平总书记在中央农村工作会议上发表重要讲话，深刻阐述乡村振兴的重大意义、指导思想、总体要求、主要目标和重点任务，为我们做好新时代"三农"工作提供了根本遵循。李克强在政府工作报告中也明确指出要大力实施乡村振兴战略，科学制定规划，健全城乡融合发展体制机制，依靠改革创新壮大乡村发展新动能。实施乡村振兴战略是决胜全面建成小康社会、全面建设社会主义现代化国家的重大历史任务，是新时代"三农"工作的总抓手。在这样的背景下，我国农村经济发展面临着新环境，这就要求我国农业农村经济发展必须及时作出调整，充分把握机会谋求进一步创新与发展。

　　本书共七章内容。第一章是基本思路：实施乡村振兴战略，系统分析了乡村振兴战略的提出及其意义、战略定位和总体要求、实践经验。第二章是体制创新：推动农业农村转型的制度改革，从深化农村土地制度改革、培育和发展家庭农场、建立和完善农民合作社制度进行阐述。第三章是技术创新：发展农村互联网经济，从互联网经济下的农产品电商创新、农资电商创新、农特微商创新三个方面展开分析。第四章是金融创新：构建新型农村金融体系，阐述了农村金融供给体系创新、构建新型农村金融机构、创新农村金融产品和服务等内容。第五章是市场创新：促进乡村旅游发展，对休闲农业市场和乡村旅游市场的创新与开发以及电子商务与乡村旅游市场的融合发展进行了分析。第六章是人力资本创新：加强新型职业农民培养，在分析新型职业农民的形成背景的基础上，阐述了新型职业农民的基本内容以及新型职业农民的培育机制与途径。第七章是绿色创新：选择新型农业发展模式，从适应可持续发展需要，推进农业现代化；发展绿色农业，建设美丽乡村；采用高新技术，发展智慧农业三个方面展开分析。

本书从总体上分析了我国农村经济创新的相关问题，一方面吸收前人研究成果，对基础理论进行阐述，以此为更深入的探讨奠定基础；另一方面充分结合目前的发展形势，强调研究的创新性和时代性。

第一，本书有完整的研究体系。在内容上形成了较为全面的理论体系，本书从制度创新、技术创新、金融创新、市场创新、人力资本创新、绿色创新几个方面展开分析，基本上覆盖了农村经济发展的各方面内容，构建了农村经济发展创新的研究体系。

第二，本书具有时代性和前沿性。本书从推动农业农村转型的制度改革、发展农村互联网经济、构建新型农村金融体系、促进乡村旅游发展、加强新型职业农民培养、选择新型农业发展模式等方面展开分析，对这些问题的研究保证了本书的时代性和前沿性，是在符合时代发展要求前提下对农村经济发展进行探讨和分析。

本书在撰写的过程中参考和借鉴了很多专家、学者的研究成果，在这里向他们表示诚挚的感谢。由于作者水平和时间所限，本书难免出现疏漏与不足之处，希望能与各位读者进行交流沟通，欢迎各位专家、学者进行指正。

作　者
2019 年 9 月

目　录

第一章　基本思路：实施乡村振兴战略

习近平总书记在党的十九大上提出了乡村振兴战略,该战略的制定与实施旨在从根本上解决"三农"问题,满足广大农民追求美好生活的愿望。具体来说,乡村振兴就是实现"产业兴旺、生态宜居、乡风文明、治理有效、生活富裕",这是我国当前以及未来较长一段时间内需要贯彻落实的重要战略。

第一节　乡村振兴战略的提出及其意义

一、我国城乡关系的历史变迁轨迹

我国城乡关系与社会发展之间存在密不可分的关系,二者相互影响、共同发展。大体上,我们可以将中华人民共和国成立以来的城乡关系变化划分为四个阶段,即改革开放前的城乡分割、改革开放到 20 世纪末的城乡联通、进入 21 世纪的城乡统筹和党的十八大以来的城乡融合。

（一）城乡分割发展时期

纵观世界各国的发展史可以看到,很多国家在工业化建设初期,都会采取牺牲农民利益的方式推动经济增长、社会发展。中华人民共和国成立之初,作为一个有 4 亿人口的农业大国,中国面对的是国民党反动政府遗留下来的"一穷二白"的烂摊子,又饱受长期的战争创伤,特别是日本侵略者的掠夺,国民党以中国台湾为基地在"反攻大陆"上频有动作，朝鲜战争爆发迫使中国"抗美援朝、保家卫国"，加上西方国家对我国实行政治敌对和经济封锁，要建设中国的工业化体系显然是难上加难。

对于当时的中国而言，想要实现经济的快速增长，促进工业化建设，就必须借鉴外国工业化发展的一般规律，这就导致我国在很长一段时间内采取了重工压农、城乡分割的二元体制。国家对农产品实行严格的计划生产、计划供应即统购派购制度，统一定价收购农产品和供应工业品，形成价格上的"剪刀差"，从中获得国家工业化所需的原料，提取发展资金。同时，实行严密的、城乡阻隔的户籍管理制度，对粮、棉、油和生活必需品实行凭票供应，严格阻止农业人口向城镇转移。在改革开放以前，农民进城销售农产品是要割除的"资本主义尾巴"，城乡物资的个体交流是要被打击的"投机倒把"。除了少量在自留地种养的蔬菜、家禽和从生产队分的、省吃俭用留下来的一些东西可在集市上叫卖外，农民不可以带大宗农产品进城自由买卖，更不能进城做工经商；城里人也不能私自去农村收购农产品和出售工业品，形成严格的二元分割局面。

将发展重点倾向于工业，呈现城乡分割的二元社会结构，是一个国家实现工业化的必经之路，可以说这是符合社会发展客观规律的难以逾越的特定阶段。在我国工业化发展进程中，农业、农村、农民为之提供了原始积累，创造了物质基础，做出了巨大贡献。党和国家始终把解决"三农"问题作为工作重点，积极探索具有中国特色的农业农村农民发展道路。国家加大对农业物资和信贷投入，发展农机农资生产和农村工业，为推进农业现代化创造条件，但受限于当时经济实力制约等原因，仍显得力不从心，留下不少欠账。我们要结合历史阶段与客观实际来认识和把握问题，彻底破除城乡分割带来的弊端，扎实推进"三农"新发展，使之朝着现代化的目标不断前进。

（二）城乡联通发展时期

20世纪五六十年代，为了更好地开展社会主义建设，我国在一段时间内实行了城镇青年支援农村的政策，还有一些农村青年通过升学、当兵或招工等方式到城镇发展，促使农村人口和城镇人口有了一定流动，但总体上看，全国城镇与广大农村是区隔的。20世纪70年代后期，国家支持发展地方"五小"工业和社队企业，促进了城乡生产要素直接交流。特别是上千万城镇知识青年上山下乡和回城就业，既带来知青家人和亲朋好友下乡走访，也促使农民到城里走亲访友见世面，为城乡联通创造了契机。

随着改革开放的实行，我国很多地区的乡镇企业迅速崛起，还有很多马路市场得到发展，这有力地推动了我国城镇和农村逐渐的生产要素流通，在一定程度上打破了城乡二元分割的限制与壁垒。国家实施对外开放政策，创办经济特区，开放沿海港口城市，扩大经济开放区，带动了大批农民到沿海城市和开放地区就业创业。农村中具有经济头脑的能人和一技之长的工匠，纷纷带领"泥腿子"到城市搞建设、赚钞票。国家逐步放宽农副产品统购统销政策，允许完成派购任务的农副产品可以自由上市和自主运销，提倡产销对接。同时，工业化、城镇化发展需要大量新生劳动力，农民工进城不仅是打工经商，而且也在城镇中生活定居。城乡间人口、商品、资金、技术、信息和观念交流日益拓展，极大地冲击了城乡二元结构。

随着改革开放的不断深入，计划经济已经无法适应我国当时的市场需求，在邓小平南方谈话精神的指引下，我国开始从根本上摆脱实行多年的计划经济制度的束缚，开拓了更广阔的市场空间。党的十四大确立了建立社会主义市场经济体制的改革目标，提出了到20世纪末实现人民生活由温饱进入小康。1993年11月召开党的十四届三中全会，审议通过《中共中央关于建立社会主义市场经济体制若干问题的决定》，强调在坚持以公有制为主体、多种经济成分共同发展的基础上，建立现代企业制度、全国统一开放的市场体系、完善的宏观调控体系、合理的收入分配制度和多层次的社会保障制度。这就为彻底打破城乡分割的二元结构、进一步解放社会生产力创造了条件，也为统筹推进城乡改革发展、更好地解决农业这个国民经济的薄弱环节打实了基础。

（三）城乡统筹发展时期

随着时间推移至 21 世纪，我国的工业化建设已经进入全新阶段，此时我国社会发展的主要诉求是实现城乡联动、一体化发展。党的十六大报告提出统筹城乡发展方略，强调解决好"三农"问题是全党工作的重中之重，城乡发展一体化是解决"三农"问题的根本途径。要求加大统筹城乡发展力度，增强农村发展活力，逐步缩小城乡差距，促进城乡共同繁荣。坚持工业反哺农业、城市支持农村和"多予、少取、放活"的方针，加大强农惠农富农政策力度，保持农民收入持续较快增长，让广大农民平等参与现代化进程、共同分享现代化成果。加快完善城乡发展一体化体制机制，着力在城乡规划、基础设施、公共服务等方面推进一体化，促进城乡要素平等交换和公共资源均衡配置。

推动城乡统筹发展，重点在于正确认识和处理城市和农村的关系，必须坚持以工促农、以城带乡、工农互惠、城乡一体为指导原则，构建新型城乡工农关系。要采取切实的政策和措施，打破城乡二元体制，消除制约农业农村发展的体制性障碍，调整公共资源配置，增加农业和农村的投入。要在城乡产业政策、劳动就业、要素流动、公共事业建设、社会保障等方面加大统筹协调力度，不断缩小城乡发展差距，实现城市与农村共同进步、工业与农业协调发展。

我国自 2004 年起，每年都由中央印发关于"三农"问题的一号文件，这是为了我国城乡统筹发展的顺利推进。具体来说，一号文件是为加快社会主义新农村建设、促进城乡经济社会一体化发展、促进农民持续增收等出台的一系列政策意见。2005 年底，全国人大决定废止农业税条例，中国农民彻底告别"皇粮国税"。

国家重视提高农业综合生产能力，发展现代农业，加强农业基础设施建设，加快农业科技创新，促进农业稳定发展、农民持续增收、农村不断进步。以农村最低生活保障、新型农村合作医疗、新型农村社会养老保障、农村"五保"供养等为重要内容的社会保障体系逐步形成，被征地农民社会保障、农民工工伤和医疗等社会保险不断完善。包括乡镇机构、农村义务教育、县乡财政管理体制等内容的农村综合改革和集体林权制度改革取得积极进展。

（四）城乡融合发展时期

党的十八大以来，我国进一步强调农业农村发展的重要性，强调应该在社会建设中适当地向农业倾斜。习近平总书记多次强调农业农村发展对于中国特色社会主义建设顺利推进的重要意义，对坚持农业农村优先发展、建立健全城乡融合发展的体制机制和政策体系做出一系列重要指示，要求加强党对"三农"工作的领导，统筹推进农村经济建设、政治建设、文化建设、社会建设、生态文明建设和党的建设，加快推进乡村治理体系和治理能力现代化建设，加快农业农村现代化，走中国特色社会主义乡村振兴道路，让农业成为有奔头的产业，让农民成为有吸引力的职业，让农村成为安居乐业的家园。

我们必须清晰地认识城镇和乡村之间的关系，二者的发展并不应该是相互阻碍的，而应该是互促互进、共生共存的。推进乡村振兴、重塑城乡关系，要坚持工业化、信息化、城镇化、农业现代化同步发展，走城乡融合发展之路。注重城乡规划共绘，把城乡一体、区域协调、均衡发展的理念落实到规划的编制和实施之中，加强城乡经济社会发展与空间布局、产业提升、建设用地等规划的衔接。注重城乡产业共兴，统筹考虑资源要素、发展基础、产业布局、重大项目，促进城乡劳动力有序流动，城乡居民在就业创业中增加收入。注重城乡设施共建，加快农村交通道路、供水排污、农田水利、文化教育、医疗卫生、全民健身等公共设施建设，推进城乡基础设施互联互通、共建共享。注重城乡生态共保,加强生态文明建设和环境保护,落实绿色发展方式和生活方式,坚持人与自然和谐共生,让天蓝地绿、山清水秀的美丽画卷更好地呈现在城乡大地。注重城乡要素共享,促进人才、资金、科技等要素更多更好地转向"三农",让农村的机会吸引人,让农村的环境留住人,推动形成工农互惠、城乡互补、全面融合、共同繁荣的新型工农、城乡关系。

当前,我国正在大力推进乡村振兴战略的实施,随着这一战略的贯彻落实,我国现代农业会加快发展,广大农民的获得感、幸福感、安全感会更加充实、更有保障、更可持续,优质、生态、绿色的农产品会更加丰富多彩,农村基础设施和公共服务会进一步得到提升,农村社会更加和谐,神州大地一定会更生动地展示出城乡全面繁荣、融合发展的壮美场景。

二、乡村振兴战略的提出

习近平总书记在党的十九大报告中首次提出了乡村振兴战略,并在报告中强调其重要性,将其作为我国决胜全面建成小康社会的重要战略。习近平总书记在提出乡村振兴这一概念后,多次陈述关于这一战略的重要性,这也在社会各个领域激起了热烈讨论。在 2017 年 12 月召开的中央农村工作会议上,习近平总书记提出了一系列新理念、新思想、新战略:一是坚持加强和改善党对农村工作的领导,为"三农"发展提供坚强的政治保障;二是坚持重中之重的战略地位,切实把农业农村优先发展落到实处;三是坚持把推进农业供给侧结构性改革作为主线,加快推进农业农村现代化;四是坚持立足国内保障自给的方针,牢牢把握国家粮食安全主动权;五是坚持不断深化农村改革,激发农村发展新活力;六是坚持绿色生态导向,推动农业农村可持续发展;七是坚持保障和改善民生,让广大农民有更多的获得感;八是坚持遵循乡村发展规律,扎实推进美丽宜居乡村建设。

乡村振兴战略是对我国过去的农业农村发展战略的继承和发展，是基于我国当前社会发展实际和"三农"发展需要的先进战略，它响应了我国亿万农民的殷切期盼。必须抓住机遇，迎接挑战，发挥优势，顺势而为，努力开创农业农村发展新局面，推动农业全面升级、农村全面进步、农民全面发展，谱写新时代乡村全面振兴新篇章。

三、乡村振兴战略提出的意义

（一）有利于实现社会主义现代化建设战略目标

社会主义现代化建设是我国现阶段的重要任务，这一建设目标的实现需要各方努力，其中就包括乡村振兴战略的贯彻实施。习近平总书记在党的十九大报告中明确提出，到建党 100 年时建成经济更加发展、民主更加健全、科教更加进步、文化更加繁荣、社会更加和谐、人民生活更加殷实的小康社会，然后再奋斗 30 年，到中华人民共和国成立 100 年时，基本实现现代化，把我国建成社会主义现代化国家。农业农村现代化是国民经济的基础支撑，是国家现代化的重要体现。中国要强，农业必须强；中国要美，农村必须美；中国要富，农民必须富。任何一个国家尤其是大国要实现现代化，唯有城乡区域统筹协调，才能为整个国家的持续发展打实基础、提供支撑。农业落后、农村萧条、农民贫困，是不可能建成现代化国家的。中国共产党始终把解决 13 亿人的吃饭问题当作头等大事，着力保障主要农产品的生产和供给；始终坚持农业是工业和服务业的重要基础，保护和发展农业，以兴农业来兴百业；始终坚持农村社会稳定是整个国家稳定的基础，积极调整农村的生产关系和经济结构，促进农村社会事业发展，以稳农村来稳天下；始终坚持没有农民的小康就没有全国的小康，千方百计增加农民收入，改善农村生产生活条件，增进农民福祉。

从我国经济社会发展实际来看，农业农村发展自改革开放以来获取了巨大进步,现代化水平也在很大程度上有所提高。但要清醒地看到,我国仍处于社会主义初级阶段,农业农村是国家全面小康和现代化建设中尤其需要补齐的短板;农业受资源和市场双重约束的现象日趋明显,市场竞争力亟待提升;城乡发展差距依然很大,农民收入稳定增长尤其是农村现代文明水平提高的任务十分艰巨。我们必须切实把农业农村优先发展落到实处,深入实施乡村振兴战略,积极推进农业供给侧结构性改革,培育壮大农村发展新动能,加强农业基础设施建设和公共服务,让美丽乡村成为现代化强国的标志,不断促进农业发展、农民富裕、农村繁荣,保障国家现代化建设进程更协调、更顺利、更富成效。

(二)有利于解决我国社会存在的主要矛盾

改革开放刺激了我国经济、政治、社会、文化等各个方面的发展,人们的生活质量显著提高,当前我国社会主要矛盾已经转化为人民日益增长的美好生活需要和不平衡不充分的发展之间的矛盾。当前,城乡发展不平衡是我国最大的发展不平衡,农村发展不充分是最大的发展不充分。加快农业农村发展,缩小城乡差别和区域差距,是乡村振兴的应有之义,也是解决社会主要矛盾的重中之重。习近平总书记强调,任何时候都不能忽视农业,不能忘记农民,不能淡漠农村。我国是一个有着960多万平方千米土地、13亿多人口的大国,城市不可能无边际扩大,城市人口也不能无节制增长。不论城镇化如何发展,农村人口仍会占较大比重,几亿人生活在乡村。即使是城里人,也会向往农村的自然生态,享受不同于都市喧闹的乡村宁静,体验田野农事劳作,品赏生态有机的美味佳肴。当前我国经济比较发达的城市,已经达到了与欧洲、美国不相上下的发达程度,但是很多农村地区与发达国家的差距十分巨大。很难想象,衰败萧条的乡村与日益提升的人民对美好生活的需要可以并存。农宅残垣断壁、庭院杂草丛生、老弱妇孺留守、陈规陋习盛行,显然是我们发展不平衡不充分的具体体现,必须下大决心、花大力气尽快予以改变。要协调推进农村经济、政治、文化、社会、生态文明建设和党的建设，全面推进乡村振兴，让乡村尤其是那些欠发达的农村尽快跟上全国的发展步伐，确保在全面建成小康社会、全面建设社会主义现代化国家的征程中不掉队。

（三）有利于广大农民对美好生活的期待

我们党始终重视农业农村的建设与发展，时代发展对"三农"工作提出了新要求，以习近平同志为核心的党中央着眼党和国家事业全局，把握城乡关系变化特征和现代化建设规律，对"三农"工作作出了进一步指示，充分体现了以人民为中心的发展思路，科学回答了农村发展为了谁、发展依靠谁、发展成果由谁享有的根本问题。习近平总书记多次指出，小康不小康，关键看老乡；强调农民强不强、农村美不美、农民富不富，决定着亿万农民的获得感和幸福感，决定着我国全面小康社会的成色和社会主义现代化的质量；明确要求全面建成小康社会，一个不能少，共同富裕道路上，一个不能掉队。中国共产党一直以来把依靠农民、为亿万农民谋幸福作为重要使命。这些年来，农业供给侧结构性改革有了新进展，新农村建设取得新成效，深化农村改革实现新突破，城乡发展一体化迈出新步伐，脱贫攻坚开创新局面，农村社会焕发新气象，广大农民得到了实实在在的实惠，实施乡村振兴战略、推进农业农村现代化建设的干劲和热情空前高涨。2018年中央一号文件明确提出实施乡村振兴的三个阶段性目标任务：到2020年，乡村振兴取得重要进展，制度框架和政策体系基本形成；到2035年，乡村振兴取得决定性进展，农业农村现代化基本实现；到2050年，乡村全面振兴，农业强、农村美、农民富全面实现。只要我们坚持以习近平新时代中国特色社会主义思想为引领，立足国情农情，走中国特色乡村振兴道路，就一定能更好地推动形成工农互促、城乡互补、全面融合、共同繁荣的新型城乡工农关系，让亿万农民有更多的获得感，全体中国人民在共同富裕的大道上昂首阔步、不断迈进。

（四）有利于中国智慧服务于全球发展

不断思考、不断创新是我们党的光荣传统，我们党在革命、建设和改革发展进程中，以中国具体实际和现实需要为基础，积极开展实践探索，在国家富强和人民幸福上取得了巨大成就，同时还为全球进步、发展提供了有益的借鉴。党的十八大以来，中国围绕构建人类命运共同体、维护世界贸易公平规则、实施"一带一路"建设、推进全球经济复苏和一体化发展等许多方面，提出了自己的主张并付诸行动，得到了国际社会的普遍赞赏。同样，多年来，在有效应对和解决农业农村农民问题上，中国创造的"赤脚医生"、乡镇企业、小城镇发展、城乡统筹、精准扶贫等方面的成功范例，成为全球的样板。在现代化进程中，乡村必然会经历艰难的蜕变和重生，有效解决乡村衰落和城市贫民窟现象是世界上许多国家尤其是发展中国家面临的难题。习近平总书记在党的十九大提出实施乡村振兴战略，既对中国更好地解决"三农"问题发出号召，又是对国际社会的昭示和引领。在拥有 13 多亿人口且城乡区域差异明显的大国推进乡村振兴，实现产业兴旺、生态宜居、乡风文明、治理有效、生活富裕，实现新型工业化、城镇化、信息化与农业农村现代化同步发展，不仅是惠及中国人民尤其是惠及亿万农民的伟大创举，而且必定能为全球解决乡村问题贡献中国智慧和中国方案。

第二节　乡村振兴战略的战略定位和总体要求

一、乡村振兴战略的战略定位

乡村振兴战略符合我国具体国情和实际发展需求，战略实施分步进行，根据计划到 2020 年，乡村振兴的制度框架和政策体系基本形成，各地区各部门乡村振兴的思路举措得以确立，全面建成小康社会的目标如期实现。到2022年，乡村振兴的制度框架和政策体系初步健全。国家粮食安全保障水平进一步提高，现代农业体系初步构建，农业绿色发展全面推进；农村一、二、三产业融合发展格局初步形成，乡村产业加快发展。农民收入水平进一步提高，脱贫攻坚成果得到进一步巩固；农村基础设施条件持续改善，城乡统一的社会保障制度体系基本建立；农村人居环境显著改善，生态宜居的美丽乡村建设扎实推进；城乡融合发展体制机制初步建立，农村基本公共服务水平进一步提升；乡村优秀传统文化得以传承和发展，农民精神文化生活需求基本得到满足；以党组织为核心的农村基层组织建设明显加强，乡村治理能力进一步提升，现代乡村治理体系初步构建。探索形成一批各具特色的乡村振兴模式和经验，乡村振兴取得阶段性成果。

二、乡村振兴战略的总体要求

（一）坚持中国共产党领导"三农"工作，贯彻落实优先发展农业农村的战略

农业是一个国家生存和发展的基础，是实现农业农村发展，实现农民共同富裕的重要产业，是为居民提供食物、为工业提供原料的基础产业，是关系国家经济安全和社会稳定的战略产业。在有13亿多人口的中国，吃饭问题始终是事关国计民生的大事，必须把中国人的饭碗牢牢端在自己手上，坚持粮食基本自给、口粮立足国内。农业是保证和支持国民经济正常运行的基础，为工业和服务业发展提供资金、原材料、劳动力资源和广阔的市场空间。

农业是国民经济基础部门，农村是农业发展的基础，因此只有保障农村稳定，才能保障国家稳定，当前有一些发展中国家由于走了畸形的工业化、城镇化道路，形成规模庞大的贫民窟，严重

影响社会安定。忽视农业农村，造成工农业比例失调、城乡二元分割差距扩大，给经济和社会发展带来重大损失，给人民生活造成严重影响。

从我国发展实际来看，虽然整体上经济社会发展取得了巨大进步，但存在城市与农村、东部与西部发展差距较大的问题。因此，想要实现全面建成小康社会、全面建设社会主义现代化的目标，重点在"三农"，最突出的短板也在"三农"。农业农村农民问题是关系国计民生的根本性问题，必须始终把解决好"三农"问题作为全党工作的重中之重。把农业农村优先发展落到实处，做到干部配备上优先考虑，要素保障上优先满足，资金投入上优先保障，公共服务上优先安排。充分发挥新型工业化、城镇化、信息化对乡村振兴的辐射带动作用，加快农业农村现代化。深入推进以人为核心的新型城镇化，促进农村劳动力的转移和转移人口的市民化。积极引导和支持资源要素向"三农"流动，在继续加大财政投入的同时，鼓励更多的企业"上山下乡"，推动更多的金融资源向农业农村倾斜，支持更多人才到农村广阔天地创业创新。进一步统筹城乡基础设施和公共服务，加大对农村道路、水利、电力、通信等设施的建设力度，加快发展农村社会事业，推进城乡基本公共服务均等化。

我国始终坚持党对"三农"工作的领导，我们应该进一步加强和改善这种领导，提高新时代全面推进乡村振兴的能力和水平。完善党委统一领导、政府负责、党委农村工作部门统筹协调的领导体制，实行中央统筹、省负总责、市县抓落实、乡村组织实施的工作机制。坚持党政"一把手"是第一责任人，五级书记抓乡村振兴，其中县委书记尤其要当好乡村振兴的"一线总指挥"。各有关部门要结合自身职能定位，确定工作重点，细化政策举措，分解落实责任，切实改进作风，不断提升服务"三农"的本领。

（二）以"五位一体"为指引，协调推进乡村全面振兴

习近平总书记在党的十九大上提出了实施乡村振兴战略这一重要决策部署，这是我国现阶段和未来较长一段时间内的建设重点。如期实施第一个百年奋斗目标并向第二个百年奋斗目标迈进，最艰巨、最繁重的任务在农村，最广泛、最深厚的基础在农村，最大的潜力和后劲也在农村。要从国情农情出发，顺应亿万农民对美好生活的向往，坚持把农村的经济建设、政治建设、文化建设、社会建设、生态文明建设，作为一个有机整体，统筹协调推进，促进农业全面升级、农村全面进步、农民全面发展。坚持以产业兴旺为重点、生态宜居为关键、乡风文明为保障、治理有效为基础、生活富裕为根本，书写好实施乡村振兴这篇大文章。

1. 加强农村组织建设

加强以党组织为核心的村级组织建设，打造坚强的农村基层党组织，培养优秀的农村党组织书记，深化村民自治、法治、德治，发展农民合作经济组织，增强村级集体经济实力，为实施乡村振兴战略提供保障。

2. 加强农村人才培养

加快培育新型农业经营主体，激励各类人才到农村广阔天地施展才华、大显身手，让愿意留在乡村搞建设的人留得安心，让愿意"上山下乡"到农村创业创新的人更有信心，打造强大的人才队伍，强化乡村振兴人才支撑。

3. 推进农村产业发展

紧紧围绕建设现代农业和农村一、二、三产业融合发展，深化农业供给侧结构性改革，坚持质量兴农、绿色发展，确保国家粮食安全，调整优化农业结构，构建乡村产业体系，提高农业的创新力和竞争力，实现乡村产业兴旺、生活富裕。

4. 完善农村生态建设

加强农村生态文明建设和环境保护,综合治理农村突出的环境问题,扎实推进农村"厕所革命"和垃圾分类,完善农业生活设施,倡导绿色生产和生活方式,以优良生态支撑乡村振兴,让农村成为安居乐业的美丽家园。

5. 推进农村文化发展

以社会主义核心价值观为引领,加强农村思想道德建设和公共文化建设,深入挖掘优秀农耕文化内涵,培育乡土文化人才,推动形成文明乡风、良好家风、淳朴民风,更好地展示农民的良好精神风貌,提高乡村社会文明程度,焕发乡村文明新气象。

(三)调动农民积极性,培育农民的创新精神和创造能力

我国自古是农业大国,我国农民具备勤劳、聪慧的特点,农民的智慧点亮了中国的历史发展长河。中华人民共和国成立以来,我国农民在实践中探索了"大包干"、发展乡镇企业、建农民新城、农家乐旅游等成功做法,经党和政府总结、提升、扶持、推广,转化为促进生产力发展和农民增收致富的巨大能量。尊重农民首创精神,鼓励农民大胆探索,是党的群众路线的生动体现,也是实践证明行之有效、理当继续坚持的原则要求。在推进乡村振兴的过程中,必须认清农民主体地位,尊重农民创造,鼓励基层创新,充分调动各个方面特别是广大农民的积极性、创造性,汇聚支农助农兴农的力量。

1. 保障并维护农民的合法物质利益和民主权利

在经济上切实维护农民的物质利益,在政治上充分保障农民的民主权利,是保护和调动农民积极性的两个方面。要坚持"多予、少取、放活"的方针,加快发展现代农业和农村经济,大力提升农村基础设施和公共服务水平,推进农村基层民主建设和村务公开,不断增强乡村治理能力,从而让农民真正得实惠,激发其作

为主体投身乡村振兴的积极性和创造性。

2. 制定并实施长期稳定农村基本政策

稳定农村政策，就能稳定农民人心。坚持以家庭承包经营为基础、统分结合的双层经营制度，长期稳定土地承包关系，实行土地所有权、承包权、经营权"三权"分置，促进土地合理流转，发展适度规模经营。坚持劳动所得为主和按生产要素分配相结合，鼓励农民通过诚实劳动、合法经营和加大资本、技术投入等方式富起来，倡导先富帮助和带动后富，实现共同富裕。在保护粮食生产能力的同时，积极发展多种经营，推动农业农村经济结构调整等。这些基本政策符合农民的利益和愿望，有利于调动亿万农民的积极性，保护和发展农村生产力。

3. 充分尊重农民的生产经营自主权

市场经济与计划经济存在本质区别，在市场经济条件下，农户作为独立的经营主体和自负盈亏的风险承担者，其生产经营的自主权理当受到尊重。支持农民根据市场需要和个人意愿，选择生产项目和经营方式，实现生产要素跨区域的合理流动；政府侧重于规划引导、政策指导和提供信息、科技、营销等服务，创造良好的生产条件和公平有序的市场环境。

4. 鼓励农民在实践中积极创造创新

邓小平曾指出，农村搞家庭联产承包，这个发明权是农民的。乡镇企业也是基层农业单位和农民自己创造的。普通农民变为农业生产者、农民打工者、进城经商者、经营管理者、民营企业家，魔术般的角色转换中蕴含着农民的智慧和创造。尊重农民、支持探索、鼓励创造，就能找到解决"三农"问题的有效办法，就会更好地加强和改进党对"三农"工作的领导。

三、乡村振兴战略的实施要点

（一）明确村民的主体性，保证战略实施的根本目的是实现人的幸福

村民是乡村生活的主体，这里的村民是指原有村民、产业新村民和消费新村民（具有阶段性或短时性），我国大力推进乡村振兴战略的实施，根本目的在于实现乡村主体的幸福生活愿望。因此，乡村振兴的发起、研究、实施，都要突出主体的参与性、能动性。

发起乡村振兴需要有内生动因提供支撑，这可以是自发的，也可以是外部激发的，只有村民自身有发展的意愿、有对更加幸福生活的追求，乡村振兴才有了真正的土壤。内生动因的形成一方面靠村民自身的需求，另一方面也靠有意识、有组织的引导和激发。乡村强则中国强，乡村美则中国美。

在制定乡村振兴方案时，必须尊重村民的主体性，要使全体村民参与方案制定的全过程，也就是说从调研、初步方案、方案论证到模拟实验等环节，实现全体村民的全程参与。不同阶段，参与人群不同，参与方式也不同，总体要做到公开、透明、动态化。尊重主体的发展意愿，尽量满足主体的发展诉求。

乡村振兴的实施，更需要村民的全力参与。乡村振兴就是村民振兴，村民要从意识、理念、土地、房屋、精力、财力等各方面参与到集体的振兴行动中，形成统筹共建、和谐共享的格局。

乡村生活主体是乡村振兴的主要服务对象，是战略实施的核心，但除此以外，在战略实施过程中还应该正确处理政府、第三方服务机构、外来投资运营主体的关系。在全面乡村振兴的开始阶段，尤其是"十三五"时期，政府是乡村振兴的主导力量，承担着整体谋划、顶层设计、政策支持、改革创新、分类组织、个体指导、实施评估等任务。第三方服务机构一般是政府或者村集体聘请进行乡村振兴规划设计、公共建设、产业运营的机构，承担着专业

化咨询建设运营工作，是乡村振兴中的外部智囊、专业助手，也是保障乡村振兴科学、可持续进行的重要力量。同时，在乡村进行传统文化传承创新、现代产业发展构建的过程中，外来专业的投资运营力量也是振兴发展的机遇和重要推力。根据乡村的产业构建方向进行针对性的招商引资，由投资方通过规模性投资加快产业力量形成、提升产业规范化、增加产能，由运营方通过专业化的运营管理，进一步推动乡村产业专业化、杠杆化发展。

制定并实施贯彻乡村振兴战略，根本目的在于满足村民对美好生活的愿望，根本在于乡村生活主体自身的幸福。因此，面对中国乡村的现状，对于大部分村庄来说，尤其要关注儿童、老人、妇女等特殊人群的需求。因此，在乡村振兴的顶层设计、方案制定、系统实施过程中，教育、养老、医疗、乡村文化活动都是必须要重点考虑的内容。乡村振兴，要让儿童在乡村里能够得到良好的教育，有适宜的游戏、活动空间，儿童的成长状况有人关心，有科学体验和儿童保健。乡村振兴，要让老人在乡村有适宜的休闲、群体活动场所，老人的健康检查和病理看护有良好的安顿，高龄老人有人陪伴、有人照料。让老人与儿童之间有安全的、得到保障的传承空间、温情的家庭生活。乡村振兴，要让妇女在乡村得到足够的尊重，有同等的教育权、决策权、劳动权和获得报酬的权利，让妇女在乡村拥有追求幸福生活的自由空间。

在乡村生活主体中有一部分为特殊群体，乡村振兴还应该满足这一群体对幸福生活的追求，要为他们提供足够的权益保障和自由幸福生活的空间。同时，需要乡村产业得到足够的发展，通过可持续的、富有竞争力的产业构建，打造发展平台，提供就业岗位，创造创业空间，让年轻人在乡村能够安放下青春，谋得生活，温暖他们的家庭，承担他们该承担的抚养、陪伴、精神支柱的责任。同时，乡村的文化建设、传统的家庭伦理与村落治理追求、文明的群众生活秩序，也是人们获得幸福感的重要保障。

乡村振兴应该吸引村民主动回到家乡建设，引导那些外出务工人员返乡就业、创业，引导外出求学的学子完成学业后回乡建设,反哺给他们的乡村,需要政府创新乡村产业机制、政策支持、各类保证,需要村民合力创造良好的产业环境。

同时,乡村振兴的过程中要重视、欢迎由于投资创业、消费生活等来到乡村的"新村民"。关心他们的诉求、需求,创造他们便于创业、安于生活的条件和环境,吸引他们来,把他们留住,形成乡村发展的活力群体。

(二)实行生态式发展模式,促使乡村实现有机生长

推动乡村振兴的一个关键点在于转变发展理念,应该贯彻落实有机生长的村落发展理念。通过对国内保存较为完整的古村落和城镇进行分析发现,其选址建设过程中都关注所处的生态环境系统,对山水林田湖草生态系统具备天生敬畏。回到当下,随着人类生存并改造自然生态系统能力的增强,在村落的生存发展过程中出现了自然生态系统的缺位发展。

1. 推动生态环境与产业发展的和谐统一

产业兴旺是乡村振兴的基础,生态宜居是乡村振兴的关键,产业与生态的有机融合是乡风文明、治理有效、生活富裕的重要支撑。推进产业生态化和生态产业化是深化农业供给侧结构性改革、实现高质量发展、加强生态文明建设的必然选择。

2. 构建三生融合的村落发展空间

"三生融合"是指乡村生产、生活、生态的有机融合,实施乡村振兴战略,应该以"三生融合"为原则进行空间规划,重新定义村庄发展格局,实现城乡空间的有效融合。村庄生活空间要考虑村落原有居民和外来客群的舒适度,系统规划布局让人们充分体验乡土文化的生活空间;要充分考虑村庄居民产业构建、展示和体验空间,构建区域内完整的产业发展空间;要完善生态空间,综合考虑村庄生态系统及容量,设计村庄居住人口、产业发展和游客接待等上限。

3. 构建生态持续的生活系统

我国从古至今都崇尚"天地人合一"的生活理念,当前乡村生活主体依然以此作为其重要的生活信仰。传统的生活系统能让人们体验与自然系统的全方位联结关系,让人们享受每天与土壤、水、风、植物、动物的互动,同时尊重自然的循环。建立契合区域生态系统的生活方式,包括构建村庄生活公约,从能源、材料、食物等多个方面实现生态可持续发展。

4. 乡村建设中贯彻落实生态建设原则

村庄在建设过程中的材料运用、技艺运用、景观环境打造上要全面落实生态建设理念。建筑材料选择上凸显与区域环境匹配的乡土性,乡土建材包含砖、石、瓦、木材、竹材等,给人以温暖、质朴、亲近之感;乡村景观植物选择凸显区域气候特色,考虑区域气候、土壤、光照、水文等因素的影响选择地域特色植被,提高生物多样性,降低养护成本;乡村技艺环境要突出工匠精神,挖掘村庄地域传统的建筑工艺、木匠、编织、彩绘和建造等传统技艺。

（三）推动乡村振兴相关制度改革,建立健全乡村振兴动力体系

1. 推进土地制度改革创新

土地制度改革直接影响农业农村发展,这是乡村振兴战略的一项重要内容。2018年中央一号文件对深化农村土地制度改革,部署了多项重大改革任务,吸引资金、技术、人才等要素流向农村,如探索宅基地所有权、资格权、使用权"三权分置"改革等。《乡村振兴战略规划(2018—2022年)》进一步明确指出在符合土地利用总体规划前提下,允许县级政府通过村土地利用规划调整优化村庄用地布局,有效利用农村零星分散的存量建设用地。

四川省仁寿县为了有效激活土地要素,搭建土地流转服务平台,实现农村土地资源在县、乡、村内的三级流转,成立县农村产权流转交易服务中心,除控规控建的个别乡镇外,48个乡镇全部建立了乡镇土地流转服务机构,452个村成立土地流转服务站,为社会资本进入乡村提供了便捷化服务,解决了社会资本在土地流转中直面群众协商困难、难以规模流转、基础设施投入成本高等问题。① 河南省新郑市在《新郑市人民政府关于印发〈新郑市加快推进乡村振兴战略2018年实施方案〉的通知》中提出,积极探索开展村级土地利用总体规划编制工作,结合乡镇土地利用总体规划,有效利用农村零星分散的存量建设用地,调整优化村庄用地布局,加大指标倾斜力度,在下轮规划修编时,预留部分规划建设用地指标优先用于农业设施和休闲旅游设施等建设。

2. 推进资金政策改革创新

资金短缺是限制我国农业农村发展的主要因素之一,"钱从哪里来的问题"是乡村振兴战略实施必须解决的一个关键问题,根据我国农业农村的实际发展情况,我国政府提出要加快形成财政优先保障、金融重点倾斜、社会积极参与的多元投入格局,确保投入力度不断增强,总量不断增加。

为了拓宽农业农村的资金获取渠道,政府部门应该制定相应的鼓励政策,建立健全乡村金融服务机制,只有这样才能打破现有的乡村发展金融供给不足,尤其是农业农村经营主体获得信贷的难度较大、可能性较小的困境。同时,创建新型金融服务类型,鼓励投资金融主体多样化获取投资和可持续发展的资金,引导乡村筹建发展基金,合法合理放开搞活金融服务机制,打破乡村发展信贷瓶颈。创新农村金融服务机制,推进"两权"抵押贷款,推广绿色金融、生态金融、共生金融理念,探索内置金融、普惠金融等新型农村金融发展模式,实现金融服务对乡村产业、乡村生活全覆盖,为乡村建设提供助力。

---

① 仁寿积极探索乡村振兴有效路径[EB/OL].http://newsapp.server.ehecd.com/News/detail/id/2420.

3. 推进人才政策改革创新

村民是乡村生活主体，是乡村振兴的核心，政府是乡村振兴的主导机构，除了村民和政府外，乡村振兴的参与主体还包括第三方机构、投资主体、乡村新居民以及乡村志愿者等。乡村新居民包括来乡村就业、创业、休闲、度假、养老等群体。第三方机构、乡村新居民、乡村志愿者是乡村振兴的"新"力量，他们带着新理念、新资源、新动力来到乡村，是乡村发展的重要变量。

充足的人才储备是乡村振兴的重要前提和保障，因此必须重视人才培养。政府应出台一系列针对乡村振兴的人才政策：一是针对本土人才的政策，包括本土人才的选拔、培养、激励等，给出资金、体制、机制、税收、共建共享等方面的整套政策；二是针对外来人才的政策，应针对如何吸引、鼓励外来人才来乡村就业创业，如何留住外来人才，如何产生人才带动效应等出台系列政策。

要发挥各市场主体的作用，建立健全政府引导、市场配置、项目对接、长效运转、共建共享的人才振兴工作机制。鼓励地方大力实施本土外流人才还乡的"飞燕还巢计划"，以及以乡村振兴创新创业空间和项目集群为核心的外来人才"梧桐树计划"，既源源不断地自生人才、召回人才，又能持续地吸引人才，形成多元共建、充满活力的乡村人才振兴局面。

（四）推动产业协调发展，构建村民共建共享机制

乡村振兴的一项重要内容就是实现农业农村各相关产业的协调发展，村集体经济的壮大则是实现乡村产业振兴的重要基础，也是最终实现乡村振兴的可持续保障。

壮大村集体经济是实现乡村振兴战略目标的必然选择，在此过程中需要注意以下几个方面的内容。一是打造一支具备绝对领导力的村两委领导集体；在村民自愿的基础上，成立村集体合作社或专项合作社。二是把村里零星分散或者闲置的土地、房屋、草场、林地、湖泊、废弃厂房等进行整理，请专业机构进行评估，实

现资源变资产，并将该资产纳入村集体合作社，进行统一规划、经营、开发、利用。三是依托合作社，引入社会企业，成立股份公司，合作社代表村集体和村民以资源入股，社会企业以资金入股，共同构建实施乡村振兴发展的企业。四是拓展产业发展内容，依托乡村产业基础和文化生态资源，推进精品手工文创、农林土特产品、文化生态旅游、农副精深加工、田园养生度假、乡村健康养老等产业内容。五是坚持推动村民的共建共享，将村民纳入到村集体社会经济发展的平台上，农民通过土地入股、技术入股、房屋入股和劳动力入股等方式获得相应的分红。六是建设村民创业发展公共平台，为村民自主创业提供资本、技术、设备、培训和场地等方面的支持。

（五）构建现代泛农产业体系，促进业态健康发展

传统农业产业结构已经不能适应农业现代化建设的要求，这就要求我们必须对原有产业结构进行适当的优化升级，这也是乡村振兴的一项重要内容。坚持以市场需求为导向，找准方向，按照一、二、三产业融合发展的理念，提升农业农村经济发展的质量和效益。在产业类型上既要对传统农业进行提质增效，又要在市场需求的基础上进行跨产业整合，实现农业与旅游的融合、农业与文化的融合、农业与养老的融合、农业与健康产业的融合等，延长产业链、拓宽增收链，构建现代泛农产业体系。

以乡村产业发展为中心，依托大数据，灵活运用互联网、物联网、区块链等先进科学技术，打造产业运营平台、资源整合平台、产品交易平台、品牌营销平台、人才流动合作平台、项目对接平台、乡村文创平台等，凝聚力量，促进乡村产业兴旺发达。要以特色突出、优势明显、竞争力强大为原则，构建乡村现代泛农产业体系，同时要深挖产品价值，匠心培育市场需要且具有很强增长性的新业态。以乡村旅游为例，就可以根据资源和条件，开发乡村共享田园、共享庭院、民宿、文创工坊、亲子庄园、享老庄园、电商基地、采摘园、乡野露营等业态，需要村集体、村民创业者、外来投

资者多方共建。

（六）重视农村精神文明建设，以乡村 IP 为基础实现高质量发展

乡村的精神文明建设也是乡村振兴的重要组成部分，在战略实施过程中，必须将继承保护和创新发展乡村文化作为一项重要任务。乡村文化拥有独立的价值体系和独特的社会意义、精神价值。在乡村振兴的推进过程中，首先要保护乡村的灵魂，保护好乡村文化遗产，组织实施好乡村记忆工程，要重塑乡贤文化，恢复传承传统民俗。

推动农业农村发展必须有文化支撑，这就要求我们必须传承和发展乡村精神，并根据现代化要求提炼和创新这些精神文化，建设符合乡村振兴需要的时代文化堡垒。充分挖掘乡村传统文化底蕴、精神和价值，并赋予时代内涵，发挥其在凝聚人心、教化育人中的作用，使之成为推动乡村振兴的精神支柱和道德引领。大力提升乡村公共文化服务水平，丰富乡村公共文化生活，让本土村民、乡村新居民能够享受到丰富的文化生活，创建新的乡村文化体系。

通过建设乡村文化 IP 传承和发展乡村精神文化是一个可以获得良好效果的途径。让文化创意产业成为乡村富民的重要产业支撑，文化创意产业可与乡村一、二、三产业融合发展，提升乡村产业附加值。对于乡村振兴来讲，打造爆品 IP 可以提高知名度，增强识别力，形成竞争力。在乡村振兴中要尽可能培育具备自身特色或导入具备市场影响力的 IP，以推动乡村产品的附加值、区别度、识别度、影响力和吸引力。

第三节　乡村振兴战略的实践经验

一、美国乡村发展实践经验

在当今世界，美国的工业化、城镇化、现代化程度均处于领先地位，在城乡均衡发展、一体化统筹推进的实践中也取得了不错的成绩。美国的乡村发展主要具备以下几个特点。一是农业以家庭农场为基础，产业化水平高。2010 年美国的农场约有 220 万个，占地面积为 9.2 亿英亩，平均每个农场的面积为 418 英亩。美国农场以家庭农场为主，公司型的农场越来越少。由于美国农场多为家庭式农场，因此小型农场所占比例较高。全美英 9 亩（1 英亩约等于 6 亩）以下的农场有 23 万多个，10 ~ 49 英亩的农场有 62 万多个，50 ~ 179 英亩的农场有 66 万多个，180 ~ 499 英亩的农场有 36 万多个，500 ~ 999 英亩的农场有 15 万个，1 000 英亩以上的农场有 17 万多个。[①] 二是科技对农业的支撑有力。突出科研与生产的紧密结合，注重成果的转化，重视新品种、新技术、新设备和新管理方式在农业农村的应用，建立农技推广站，开展多元化的农民职业技术教育。三是加强农村基础设施建设。广大乡村的基础设施、社会事业和公共服务与城市差别不大，到城市或产业园上班，回小镇或乡间生活，成为许多美国人的常态。四是城乡流通体系发达。普遍采用区域化分工和专业化种植，新鲜农产品以直销为主，产地与超市、连锁经销网络直接对接，较好地实现从田间到餐桌的一体化营销。五是健全城乡统筹发展的法律和政策体系。政府出台一系列优惠政策，鼓励工人和居民从城市迁往郊区。通过保护性收购政策和目标价格支付相结合的

---

① 美国家庭农场是这样经营的 [EB/OL].http://www.360doc.com/content/16/0120/04/4135176_529224843.shtml.

做法,采用灵活性补助措施,稳定和提高农民的收入。联邦政府和地方政府按一定比例出资,对农业农村项目给予补贴。六是农业对国际市场的依赖性较大。出口量占农产品总量的20%左右,一旦国际市场发生变化,容易出现农产品过剩。

二、法国乡村发展实践经验

法国农业发展经历了从传统农业到现代农业的转变,当前法国已经成为以农产品生产和出口为特征的国家,并且在统筹城乡发展方面的实践上也获得了一定成就。一是中小农场的经营方式与农工商一体化紧密结合。法国55万多平方千米的国土大多为丘陵,土地资源丰富,海洋性气候温和,降水量适宜。耕作面积在82公顷以下的农场占绝大多数,土地租赁经营的比重较高,国家加大生产补贴以鼓励发展农业。农业专业化生产与各类生产资料的供应以及农产品的运输、加工、贮存、销售紧密对接,进行统一经营,“农工商综合体”应运而生并不断壮大。二是用法律和政策调控产业布局。从20世纪60年代起,巴黎市中心征收“拥挤税”,政府对由中心区搬到郊区的工厂给予优惠的搬迁补偿费。20世纪60年代中期,巴黎建立了由农业区、林业区、自然保护区和中小城镇组成的乡村绿化带。三是整合促进乡村发展的力量。将早期乡村开发中设立的众多机构进行改革,把名目繁多的各种补贴统一为国土整治奖金,改变了政出多门、资金分散、效率低下的弊端。为支持落后乡村地区,法国政府签署了发展计划合同,60%的资金由国家财政承担,其余的则由地方负责。四是重视农业科技和农民教育。规定必须接受过9年义务教育,进农业基地学校学习3个月,再到农场实习3年,期满经考试合格毕业后,到专门的农业学校学习过农场管理知识,才具有经营农场的资格。完善农业基础研究、应用研究和技术推广体系,更好地发挥科技对农业的支撑作用。五是重视为农村提供与城市大致相同的公共服务和发展机会,健全农业人口的社会保障制度,在乡村布局既有农业生产功能，又有居住区、娱乐区和自然生态保护区的城镇，带动城乡一体化发展。

三、德国乡村发展实践经验

第二次世界大战对德国社会造成重创，在经过半个多世纪的恢复和发展后，德国基本上实现了工业化、城市化与农业农村现代化的同步发展，基本上消除了城乡发展不同步的鸿沟。第二次世界大战后，德国为了应对农村产业、环境污染、科技不足、老龄化等方面存在的问题，在实践中进行了各种探索并取得了一定成果。一是加强对农业农村的保护和投入。以《农业法》《合作社法》等为重点形成保障"三农"的法律体系，对农业农村实施种类繁多的扶持和补贴政策。重视对农村教育、卫生、能源、交通等多方面的投入，力求公共服务水平与城市基本相当。突出生态优先、可持续发展，注重保护自然景观和生态物种，强调既要留住青山，又要留住青年。二是构建合作化体系。发展农村合作经济组织，减少生产交易活动中的损失，共享农产品加工营销的增值效应，实现大型农机设施、农资供应、病虫害防治、农技服务等方面的分工协作，形成农场主、地区联盟、全国联盟三个层次有机结合的结构性支撑。三是大力发展绿色农业。强化生态环保、发展有机农业已形成共识并日益深入人心，通过完善法律法规，实施检测和追溯制度，实行奖惩等手段，发展绿色农业，生产有机食品。四是以现代科技助推农业。运用物联网、大数据、云计算等技术，加大机器人、卫星遥感、传感器等的应用推广，促进农业向精准化、智慧化方向发展。五是全面提升农村生产生活条件。大力实施数字化基础设施改造、污水处理设施改造、交通工具的无障碍化改造等，推出"学在当地""人才伙伴计划""专业人才攻势"等计划，加大农村专业人员培训，不断为农村地区补充人力资源。六是持续开展农村竞赛。涵盖发展观念与经济创新、农村社区组织与文化建设、建筑意象与居住品质、绿化园艺与人文景观等多个方面，促进农业农村可持续发展。

四、巴西乡村发展实践经验

相较于美国和欧洲国家,拉丁美洲国家在城乡发展上呈现出显著差别。巴西社会发展经历了重工轻农、重城轻乡的发展阶段,这导致其城乡发展存在较大差距。在城市加快现代化的同时,乡村发展明显滞后,大批劳动力涌向城市却又得不到稳定的就业和居所,在一些大城市的城郊接合部形成了特殊的贫民窟现象。由于不能很好地解决城乡统筹发展的问题,社会动荡情况明显加强,对经济发展形成拖累,国民经济在较长时间里处于徘徊甚至倒退的状况。20 世纪 60 年代以后,巴西开始实施城乡联动、统筹发展的新探索。一是形成带动农村的新增长极。国家为加快边远农村开发,以玛瑙斯市为中心建立增长极,带动整个亚马逊地区的发展。通过完善基础设施、鼓励资金投入、发展科技教育等措施,促进经济增长由中心城市向外围区域拓展。同时,引导和扶持小城镇兴起,在广大乡村形成多个经济增长点。二是加大政府投入,改善农业农村发展的基础条件,增加对农业的补贴。三是进行农村土地制度改革。联邦政府提供信贷,鼓励购买乡村地产,促进基础设施建设和发展农业生产。四是重视发挥社会组织作用。政府把原来直接承担的培训、信息、技术等服务工作,转为由民间组织实施,并给予必要的资助,以进一步推进城乡社会组织的发展和城乡融合。

五、日本乡村发展实践经验

当前,日本基本上实现了城市和乡村的同步发展,但是在其工业化、城市化的过程中也出现过城乡发展不平衡的问题,为了解决这一问题日本进行了各种尝试。从 20 世纪 60 年代起,日本通过制定《农业基本法》《农村地区引进工业促进法》等,配套相应的政策措施,解决产业合理布局、区域均衡发展问题,着力缩小城乡差距。政府重视建设农村基础设施,加大对农村生活环境的整治和对乡村的保护与投资。鼓励工业由大都市向中小城镇和农村转移,推动农村工业化。推进农村土地规模经营,出台专门的法律和政策,支持以土地买卖和土地租借为主要形式的土地流动。在加快发展农村基础教育的同时,特别注重农村职业技术教育,为提高一、二、三产业效率和促进农村的城市化打实基础。促进农业科技进步,大力应用先进的品种、农资和技术,工业向农业提供质优价廉的生产资料,推动农业的机械化、化学化、集约化生产经营。建立起以医疗保险和养老保险为主的农村社会保障体系,城乡实行一体化的国民公共医疗和养老保险制度。积极发展农业协会,基本覆盖各町村,为广大农户提供生产生活服务,有效促进了农业劳动生产率和农民生活质量的提高。日本还建立农村劳动力服务体系,促进农民就业,并形成政府、金融机构、企业等社会力量和农民共同参与农村建设的机制。但日本在统筹城乡发展上也面临挑战,主要表现在:一是农村老龄化问题突出,青壮年农业人口减少,农业后继无人;二是农村被抚养人口的比例越来越高,医疗与养老保险负担日益沉重;三是发展现代农业和造村运动导致水体环境污染、土壤生态失调,对自然生态造成损害。

六、韩国乡村发展实践经验

国土面积小、人口众多是韩国的基本国情,并且韩国的土地资源有 70% 为丘陵,这进一步限制了其农业发展。第二次世界大战结束时,韩国是传统的农业国家,农民生活贫困。20 世纪 60 年代初,全国农村人均年收入仅为 60 美元左右。20 世纪六七十年代,工业得到快速发展的同时,韩国面临二元经济挑战,城乡差别和工农失衡严重制约着经济社会的协调发展。为了推动乡村发展,实现城乡协调均衡发展,韩国政府于 1970 年启动"新村运动"，这一建设实践主要包括以下内容。一是根据乡村的实际情况采取具有针对性的差别化支持政策。把全国3万多个村庄分为基础村、自助村和自立村，对村民齐心协力搞基础建设、用自身奋斗改变村庄面貌的村，加大钢材、水泥等物资奖励；对那些行动不快、建设成效不佳的村，则减少资助。二是鼓励发展合作金融。以基层农协为中心，支持自办合作金融，从协会成员中集聚资金贷给其他成员，为农民提供农业生产及日常生活所需资金。三是各方协力推进新村建设。农村道路修建、电力通信、医疗服务等涉及多个部门，国家建立相关部门参加的工作协调与评议机制，整合扶持资金，共同为推进"新村运动"献计出力。四是开展育人工程。设立中央研修院和地方相应培训机构，加强对农村各阶层骨干人员的培训，重点突出理念创新、区域开发、经营管理等方面内容；对普通农民则侧重开展技术培训。同时，组织"新村"指导员、公务员、大学生参加志愿者服务行动，既增加了队伍力量，又有助于提高工作实效。五是发挥村民的主体作用。让农民自主选举指导员，自主决定项目建设和时间进度。政府注重征求农民意愿，最大限度地调动农民的积极性和自信心，培养农民自主、自助、自强、合作的精神。六是加快农村设施建设。兴修和提升道路、水利等设施，发展农村电网，设置公用电话，改善农村环境，修建农村供水、排污等系统、公共澡堂、公用水井及洗衣房。推进农村工厂规模化，将工业区建在乡村人口密集地，推动城乡均衡发展。

第二章 制度改革：推动农业农村转型

党的十九大明确提出实施乡村振兴战略,并作为七大战略之一写入党章。当前我们必须大力构建现代农业产业体系、生产体系、经营体系,大力发展新主体、新产业、新业态,大力推进质量变革、效率变革、动力变革,加快农业农村现代化步伐,朝着决胜全面建成小康社会的目标继续前进。

第一节 深化农村土地制度改革

土地是农业之源、农民之本。土地制度是农村的基本制度,也是决定经济社会全局的基础性制度。新形势下深化农村土地制度改革的主线是处理好农民与土地的关系。十九大报告提出,深化农村土地制度改革,完善承包地"三权分置"制度。保持土地承包关系稳定并长久不变,第二轮土地承包到期后再延长30年。这些重大决策涉及亿万农民的切身利益,释放了强烈的政策信号,为下一步推进农村土地系统性改革指明了方向。

一、农村土地制度改革进展

农村土地问题始终是关系中国改革发展稳定大局的根本问题。十八大以来,中国对农村土地制度做出了切合中国国情的顶层设计,有序推进各项改革试验,取得了预期效果。

（一）确权登记颁证工作扎实推进

农村集体土地所有权和集体建设用地使用权确权登记颁证工作基本完成。2017 年,农村土地承包经营权确权登记颁证工作已在全国 28 个省(区市)开展整省试点,其中山东、安徽、宁夏、四川等四省份已向中央报告基本完成。2018 年,承包地确权工作将在未完成省份全面推进,年底将基本完成。

（二）"三权分置"办法不断完善

集体所有权、农户承包权土地经营权各得其所、各安其位,农村土地资源逐步实现优化配置。截至 2016 年底,农村承包地面积流转比例已超过 35%,转出土地的农户已占到 30.8%,多种形式的农业适度规模经营快速发展,大型工商资本入农突现积极苗头。

（三）农村"三块地"试点逐步展开

33 个县(市、区)开展农村土地征收、集体经营性建设用地入市和宅基地制度改革试点进入攻坚决战关键期,转而不征、同地同权、合作开发的有效方式方法正在积极探索之中。截至 2017 年 4 月,在 33 个试点地区中,集体经营性建设用地入市地块共计 278 宗,面积约 4 500 亩,总价款约 50 亿元。3 个原征地制度改革试点地区按新办法实施征地的共 59 宗、3.85 万亩。15 个宅基地制度改革试点地区退出宅基地 7 万余户,面积约 3.2 万亩。

二、农村土地制度改革的顶层设计

（一）落实农村土地"三权分置"办法

从"两权分离"到"三权分置",中国正在构建具有中国特色的土地制度。"三权分置"是对农村土地产权的丰富和细分，新的土地制度安排坚持了农村土地集体所有，强化了对农户土地承包权的保护，顺应了土地要素合理流转的需要。可以说，"三权分置"创新了农村土地集体所有制的有效实现形式。实行"三权分置"，关键是稳定集体所有权、落实农户承包权、放活土地经营权，使"三权"各自功能和整体效用得到充分发挥，逐步形成层次分明、结构合理、平等保护的格局。

1. 稳定集体所有权

农村土地属于农民集体所有，是《宪法》的明确规定，是农村最根本的制度。实行"三权分置"，是新形势下集体所有制具体实现形式的探索和创新。在"三权分置"过程中，集体所有权必须得到更加充分的体现和保障，不能被虚置。明确和保障集体所有权的发包、调整、监督等权能，健全集体所有权行使机制，通过建立健全集体经济组织民主议事机制，切实保障集体成员的知情权、监督权、决策权，确保农民集体有效行使集体土地所有权，防止少数人私相授受、谋取私利。

2. 落实农户承包权

作为集体经济组织成员的农户，依法享有土地承包权，这是集体所有权的具体实现形式，也是农村基本经营制度的根本。农民家庭承包的土地，可以由农民家庭经营，也可以通过流转经营权由其他主体经营，但不论承包土地经营权如何流转，集体土地承包权都属于农户家庭。"三权分置"下，对承包农户特别是转移进城的农民而言，要最大限度地保护和体现其承包土地的财产权益。

3. 放活土地经营权

加快放活土地经营权、优化土地资源配置，是实施"三权分置"的重要目标。明确土地经营权人对流转土地依法享有一定期限内的占有、耕作并取得相应收益的权利。强调在保护集体所有权、农户承包权的基础上，平等保护经营主体以流转合同取得土地经营权。

（二）加快完成农村承包地确权登记颁证

开展农村承包地确权登记颁证，是中央从深化农村改革全局出发做出的一项重大战略性决策，是实现土地承包关系长久稳定的基础前提。农村土地承包经营权确权登记颁证是集中开展的土地承包经营权登记，是完善农村基本经营制度、保护农民土地权益、促进现代农业发展、健全农村治理体系的重要基础性工作。

1. 确权是核心

确权即确认权利归属。首先，要明确的是农地确权的对象是承包地，权利客体是农村土地承包经营权，而非集体所有权或土地经营权，在操作过程中要以第二次全国土地调查成果为依据，不能逾越农村土地集体所有权的边界。其次，此轮农地确权是对二轮承包关系的完善，不能借机调整土地，不允许打乱重分，但确权过程中"互换并地"例外。最后，做好权属调查是农地确权的关键，也是把控确权质量的重要环节。

2. 登记是重点

物权登记是国家特定的职能机关对物权变动进行干预和管理的有效手段。农地确权中的登记环节是对权属调查结果的法定确认，是权属确认公示的充实和发展。

3. 颁证是保障

颁证是农地确权工作阶段性成果的物化证明，也是以政府信用为基础赋予农民土地权益的法定保证。颁证主体是县级人民政府，而不是村集体经济组织、土地股份合作社等民间组织，但可由县级农村经营管理机构按规定程序负责操作。

（三）统筹推进农村"三块地"改革试点

2015 年,党中央和国务院正式启动了"三块地"（即农村土地征收、集体经营性建设用地入市、宅基地制度）改革试点。有关部门选择了 3 个县先行探路,改革初期每个试点只能选择"块地"试点,2017 年底"三块地"改革开始联动,改革系统性整体性、协同性进一步增强,主要通过完善土地征收制度、建立农村集体经营性建设用地入市制度、改革完善农村宅基地制度、健全土地增值收益分配机制等途径。

第二节　培育和发展家庭农场

一、家庭农场的基本特性

（一）以适度规模经营为基础

经营家庭农场的一项基础条件是达到一定经营规模,不论是种植还是养殖都需要达到一定经营规模,这也是家庭农场区别于传统小农户的重要标志。需要注意的是,结合我国农业实际,家庭农场有最佳经营规模,并不是经营规模越大对家庭农场发展越好。第一,要保证家庭农场的经营规模与家庭成员的劳动能力相匹配,只有这样才能保证家庭劳动力可以得到充分发挥,并且还可以避免由于过多雇佣其他劳动力而降低劳动效率。第二,要保证家庭农场经营规模与可以取得相对体面的收入相匹配,也就是要保证家庭农场经营规模可以满足家庭劳动力的平均收入达到甚至超过当地城镇居民的收入水平。经营规模适度是一个相对概念,根据从事行业不同、生产农产品种类不同等,"适度"也会随之调整。此外,农田基础条件、农业生产技术等要素的改变也会对适度规模造成影响,因此要根据自身实际情况灵活地决定适度的家庭农场经营规模。

(二)以农为主业

家庭农场主要生产具有商品性的农产品,也就是说其与传统农户生产有显著区别,家庭农场从事的是专业化生产,目的是向市场提供商品,而不是为了自给自足。家庭农场从事专业化生产,主要产品为商品性农产品,主要从事种植业、养殖业生产,主要有一业为主和种养结合这两种生产模式,家庭农产开展农产品生产活动是为了满足市场需求、获得市场认可,这也是家庭农场得以生存和发展的重要基础。家庭农场的生产活动具有季节性,在农闲时家庭成员可以从事其他工作,但农场是家庭成员的主要劳动场所,农产品的专业化生产经营是他们的主要收入来源,这也是家庭农场与以非农收入为主的兼业农户之间的区别。当前,我国农业生产大多为家庭农场生产。

(三)以家庭为生产经营单位

随着市场经济发展和农业转型发展,我国逐渐形成了很多新型农业经营主体,包括家庭农场、专业大户、合作社和龙头企业等经营主体,其中家庭农场是以家庭成员为主要劳动力、以家庭作为基本核算单位的农业经营主体,这也是其与其他经营主体最显著的区别。在家庭农场生产经营中,各个环节都是以家庭作为基本单位的,这也决定了家庭农场经营继承了家庭经营产权清晰、目标一致、决策迅速、劳动监督成本低等优势。这里所说的家庭成员可以是户籍上规定的核心家庭成员,也可以是有婚姻关系或血缘关系的大家庭成员。但并不是说家庭农场只可以将家庭成员作为劳动力,家庭农场同样可以雇工,但一般情况下,雇工的数量不会超过家庭务农劳动力数量,家庭农场可能在农忙时节临时雇工。

二、培育家庭农场的必要性

随着经济社会的不断发展，我国农村发展已经进入全新阶段，面临全新的发展背景，因此为了应对农业农村发展面临的各种问题，必须及时建立并完善集约化、专业化、组织化、社会化相结合的新型农业经营体系。家庭农场在这个过程中起到了至关重要的作用，它可以集成现代农业生产要素，是商品性农产品的主要提供者，对于新型农业经营体系的构建具有重要意义和作用。

（一）培育家庭农场是提升我国农业市场竞争力的需要

随着经济全球化推进和改革开放深化，农产品市场也逐渐与国际市场接轨，在这样的背景下，提高农户经营的专业化、集约化水平显得尤为重要，只有这样才能使我国农业生产具有较强的市场竞争力，才可以有效促进我国整体农业市场发展。因此，必须对这项工作统筹规划，做出前瞻性战略部署。从世界各国的城镇化发展经验来看，在培育农业规模经营主体方面存在两个主要误区。第一，一些拉美国家为了发展农业盲目鼓励工商资本投向农业生产，这就迫使大量农业劳动力不得不进城务工，这些劳动力在城市中集聚形成贫民窟，严重影响了国家经济转型升级。第二，日本等国家长期无法明确其农业经营方向，犹豫是保持小农经营，还是大力推进规模经营，这种犹豫不决导致农业规模经营户难以发展，农业市场竞争力无法提升。从各国发展经验可以看出，推进我国农业经济转型升级，提升农业市场竞争力，必须明确发展方向，明确培育家庭农场的战略目标，并围绕该目标建立并不断完善培育家庭农场的政策体系。

（二）培育家庭农场是发展规模经营和提高务农效益，兼顾劳动生产率与土地产出率同步提升的需要

一旦土地经营规模发生变化，土地产出率、劳动生产率都会

随之发生一定变化。当土地经营规模过小时，可以有效提高土地产出率，但是会对劳动生产率造成不利影响，在一定程度上制约农民收入增长。造成大量农民到城市务工的根本原因是土地经营规模过小且务农效益低，无法满足农民的生存和发展需要。人均土地少，导致很难提高农业生产经营的劳动效率。当然，并不是说土地经营规模越大越好，经营面积过大可能影响土地产出率，虽然劳动效率提高了，但是不利于农业增产，并且这也不符合我国人均土地面积小的基本国情。由此可以看出，推进农业规模经营时，要同时重视劳动生产率和土地产出率的提高，也就要求我们在开展农业经营时要保证规模在"适度"范围内。家庭农场是以家庭成员为主要劳动力的经营模式，必须在充分考虑土地自然状况、生产经营农产品品种、家庭成员劳动能力、农业机械化水平等相关要素的基础上，确定最合适的家庭农场经营规模，从而实现土地生产率与劳动生产率的最优配置。根据实际情况明确家庭农场经营规模，可以兼顾劳动生产率和务农效率的提高，同时还可以有效避免为了追求经营规模扩大而降低土地产出率的情况发生。

（三）培育家庭农场是应对"谁来种地、谁来务农"问题的需要

一些学者认为，培育和发展家庭农场与城镇化发展存在一定联系，因为城镇化发展具有倒逼作用，从而促进了农村和农业发展，促进了家庭农场发展。一方面，大量农村青壮年劳动力到城市务工，导致一些农村土地没有得到充分利用，出现了粗放经营甚至是撂荒现象，为了不浪费土地资源，就需要将这部分土地流转给有意愿、有能力开展农业生产经营的农民；另一方面，一些地区为了促进经济增长盲目鼓励工商企业租种农民承包地，这种面积大、时间长的土地占用严重挤占了农民务农的就业空间，还很可能导致"非农化"。基于此，我国有必要培育和发展以农户为单位的家庭农场，家庭农场同时规避了企业大规模种地和小农户粗放经营容易发生的问题，并且还可以实现农业的集约化、规模

化经营,符合我国农业发展要求。从实践角度来说,培育家庭农场是一项长期任务,必须从整体上把握,制定具有前瞻性的培育和发展战略,建立健全相应的政策体系。

(四)培育家庭农场是健全新型农业经营体系的需要

就我国农业目前的发展阶段来说,承包经营农户是最基本的经营主体,也就是基本农户。以此为基础,我国农业经营主体不断发展,逐渐形成了专业大户、家庭农场等新型农业经营主体。在基本农户、专业大户和家庭农场的基础上,组建农民合作社。一般情况下,农业产业化龙头企业需要通过农民合作社与其他农户联系。可以说,农民合作社是农业产业化龙头企业与基本农户、专业大户、家庭农场的沟通桥梁。不同的农业经营主体既相对独立,又紧密联系,这些经营主体共同构成了现代农业经营体系。就我国当前农业发展实际来说,应该将专业大户、家庭农场作为关注的重点,因为自从我国开始推进农业产业化发展,就相继出台了扶持和保护农业专业合作社、龙头企业的政策,基本上形成了扶持政策体系,但是并没有专门针对专业大户、家庭农场构建的扶持政策体系。农业大户相较于家庭农场来说内涵比较模糊,因此我们更多的是强调家庭农场的培育和发展,针对具有明确内涵的家庭农场制定相应的扶持方针和政策。

具体来说,家庭农场与专业大户主要存在以下几点区别。第一,专业大户涵盖的经营者身份比较宽泛,农民或其他身份都可以成为专业大户,家庭农场经营者则仅限于农民家庭成员。第二,专业大户涉及的行业范围比较广泛,如运销、农机等与农业生产经营相关的行业经营者都可以成为农业大户,而家庭农场生产经营的领域比较明确,是以种养业为主的农业经营主体。第三,专业大户通常不会限制雇工的数量,很多农业大户主要是依靠雇工实现产品生产的,而家庭农场则是以家庭成员为主要劳动力,同时只会在农忙时临时性雇工。第四,专业大户通常只从事某一行业或环节的专业经营,而家庭农场则从事农业综合经营,也就是实行种养结合的综合经营。因此,对于那些农村劳动力转移程度较高,第二、三产业比较发达的地区,应该更多地将发展重心放在培育和发展家庭农场上。

（五）培育家庭农场是坚持和完善农村基本经营制度的需要

随着市场经济不断发展,传统农户小市场想要继续发展必须实现与大市场的对接,而从实践中看,二者的顺利对接存在很多难以解决的问题,而这也导致一些人对家庭经营产生质疑,怀疑其是否能适应农业现代化发展。并且,随着工业化、城镇化进程加快,传统农户小市场与大市场对接的问题更加显著,一些地区盲目鼓励工商企业长时间、大面积租种农民承包地就突出体现了这个问题。家庭农场则可以适应现代农业发展,它继承和体现了家庭经营的诸多优势,同时还有效克服了承包农户"小而全"的弊端,这是一种具有旺盛生命力的农业经营主体。培育和发展家庭农场,很好地坚持和完善了家庭经营制度和统分结合的双层经营体制。

三、培育家庭农场的现状及发展建议

（一）培育家庭农场存在的问题

培育家庭农场是推动我国农业转型发展的必经之路,但是就我国家庭农场的当前发展来说仍然处于发展初期阶段,想要加强家庭农场的培育和发展必须做到循序渐进。目前,虽然培育和发展家庭农场具备了前所未有的历史性机遇,但仍面临着诸多条件限制和困难障碍。工作中,我们要认清条件、顺势而为,克服困难、积极作为。

1. 外部环境的限制

当前我国缺少健全的社会化服务体系,这无疑制约了我国家庭农场的健康发展。家庭农场相较于其他规模经营主体具有显著优势，它可以有效降低农产品的管理成本，还可以提高农产品的生产效率。但是，家庭农场的市场交易地位较低，在进行农资购买、农产品销售等交易时，通常需要依托于农民合作社、专业协会等社会化服务组织，只有这样才能使其在市场交易中得到较高地位和较低交易成本。从我国农业社会化服务体系发展实际来看，社会化服务组织的发展并不充分，家庭农场急需各种社会化服务，只有为家庭农场建立健全社会化服务体系，才能打破制约，实现进一步发展。

2. 自身特性的限制

我国家庭农场发展还处于起步阶段，因此其自身存在一定问题，如人才匮乏、融资能力弱等，这些严重影响了家庭农场的自我发展。开展现代农业经营，要求经营者有较强的资金筹措能力、经营管理能力以及风险抵御能力。但是由于我国大部分家庭农场经营者源于传统承包农户，这就决定了他们的总体文化水平较低，在经营管理水平方面明显不足；家庭农产的资本积累主要依靠经营农业收入的剩余，资本筹集的主要途径为家庭关系。因此，政府有必要主动扶持家庭农场的培育和发展，以此加快其发展进程。

3. 前提条件的限制

培育和发展家庭农场必须掌握一个大前提，就是要保证土地适度集聚与二、三产业发展和农村劳动力转移相适应，不可以为了实现家庭农场的发展而进行人为超越。大力推进家庭农场的培育和发展需要基本前提，也就是说家庭农场必须在农村二、三产业快速发展、农村劳动力大量转移、农村土地资源大量释放的基础上实现发展。想要充分发挥家庭农场集聚土地的能力，就必须实现小农土地流转，也就是实现以家、户为单位的农地流转。但是工业化、城镇化发展不是一蹴而就的，并且不同地区的经济发展水平并不相同，因此建立健全家庭农场制度是一项长期、艰巨的任务。推进家庭农场发展，就要切实把握我国整体发展阶段，结合基本国情、农情，按照地区的实际情况和需要，因地制宜、分类指导，通过正确地引导实现不同地区的家庭农场健康发展。

4. 发展基础的限制

疆土辽阔和人口众多都是我国的基本国情，这就导致我国虽然国土面积大，但是人均土地面积少，这也就对家庭农场经营的规模扩张形成了一定限制。一方面，人均土地面积少的基本国情决定了家庭农场经营扩展的困难性。我国人口众多，即使我国家庭农场平均经营耕地达到 100 亩，也无法满足我国全部农户的土地需求，人均 100 亩的耕地仅需要 1 800 万农户耕种，可我国还有 2 亿多农户没有土地可以耕种。另一方面，为了实现家庭农场的适度规模经营，就要求经营者通过租赁土地资源的方式获得耕地，这就决定了我国的家庭农场是以租地农场为主的。从其他国家的实践中我们可以看出，较重的租金负担和较难维持租期稳定是发展租地农场的两个重要阻碍，前者会直接影响农场的投入能力，后者则对农场投入的积极性造成一定消极影响。东亚国家人口众多，土地资源少，租金和租期问题严重影响了家庭农场的发展。对于我国来说，在推进家庭农场发展方面仍然存在很多问题，不健全的农村土地承包经营制度导致权力不明确、权能不完善；不健全的农村土地流转服务平台导致农地信息流转无法高效运行，信息流转不够流畅；工商资本盲目下乡租地，导致农地租金上涨，严重限制了家庭农场的扩大经营。

（二）发展家庭农场的策略建议

从我国农业转型发展的推进情况来看，培育和发展家庭农场必须坚持农村基本经营制度和家庭经营主体地位，保证方向性与渐进性的相互统一，从实际出发稳步推进，加强示范引导、加大扶持力度、完善服务管理，推动家庭农场健康发展。

1. 建立健全农业社会化服务体系

应该以"主体多元化、服务专业化、运行市场化"为准则和方向建立健全新型农业社会化服务体系，有机结合公益性服务和经营性服务、专项服务和综合服务，以此从农业社会化服务方面为家庭农场的发展提供有力支撑。

2. 完善税收、金融和保险政策

在税后、金融和保险方面给予家庭农场充分的政策支持。明确家庭农场享有与农户同等的税收优惠政策。为家庭农场提供相应的金融产品，并不断创新和完善金融产品和服务，为家庭农场提供金融支持，帮助他们更好地解决支付土地租金、购买农资、改良土地等问题。针对家庭农场生产经营活动的特点制定农业保险政策，有效地降低家庭农场承受的生产、经营、市场等方面的风险，有效地提升他们面对各种风险的能力。

3. 完善农业补贴政策

进一步完善农业补贴政策，落实中央关于农业补贴增量主要支持新型农业经营主体的要求，针对家庭农场生产经营涉及的农机、良种、农资等内容制定补贴政策。各级财政应该针对家庭农场设立专门的发展扶持基金，以此引导家庭农场有效提升自身的经营水平，以示范性家庭农场为扶持重点，为家庭农场建立健全农田基础设施、修建仓储设备，并为家庭农场经营者设立技术和管理等方面的培训课程，以此提升他们的技术水平和管理水平，实现家庭农场生产经营的标准化、信息化、品牌化，从整体上提升家庭农场生产经营的水平。

第三节　建立和完善农民合作社制度

一、农民专业合作社概述

（一）农民专业合作社的定义

农民专业合作社是在农村家庭承包经营的基础上，同类农产品的生产经营者或者同类农业生产经营服务的提供者、利用者，自愿联合、民主管理的互助性经济组织。农民专业合作社以成员为主要服务对象，提供产前、产中、产后的技术、信息、生产资料购买和农产品的销售、加工、运输等服务。

（二）农民专业合作社的性质

（1）农民专业合作社是一种经济组织。随着市场经济发展，我国农业经营主体也不断丰富。近年来，各种农民专业经济合作组织发展迅猛，但只有从事经营活动的实体型农民专业经济合作组织才是农民专业合作社。因此，社区性农村集体经济组织，如村委会和农村合作金融组织、社会团体法人类型的农民专业合作组织，或只从事专业技术、信息等服务活动，不从事营利性经营活动的农业生产技术协会和农产品行业协会等不属于农民专业合作社。

（2）农民专业合作社具有专业性。农民专业合作社以同类农产品的生产或者同类农业生产经营服务为纽带，提供该类农产品的销售、加工、运输、贮藏、农业生产资料的购买以及与该类农业生产经营有关的技术、信息等服务，其经营服务的内容具有很强的专业性，如粮食种植专业合作社、葡萄种植专业合作社等。

（3）农民专业合作社具有互助性。农民专业合作社的目的是实现社员的自我服务,对于那些单个农户不能做或做不好的事情,利用社员全体相互合作的力量来完成。也就是说,农民专业合作社对社员服务不以营利为目的。

（4）农民专业合作社具有自愿性和民主性。任何单位和个人不得强迫农民成立或参加农民专业合作社,农民退社自由；农民专业合作社的社员在组织内部地位平等,实行民主管理,运行过程中始终体现民主精神。

（5）农民专业合作社以农村家庭承包经营为基础。农民专业合作社是由依法享有农村土地承包经营权的农村集体经济组织成员,即农民自愿组织起来的新型合作社。加入农民专业合作社不改变家庭承包经营。

二、农民专业合作社发展的重要意义

（一）中国农业基本经营制度的重大创新

我国农业实行统分结合、双层经营的基本经营制度,该体制是建立在家庭联产承包经营基础上的。随着市场经济不断发展,我国农业经营面临巨大的环境变化,这就导致传统的家庭经营方式已经难以适应当前的发展要求,这就要求我们必须做出改变。首先,双层经营体制的基础——农户的构成已发生变化。随着城镇化、工业化进程的加快,多数农户或者演变成为小规模兼业农户或专业种植养殖大户。其次,双层经营中"统"的内涵发生了变化。20世纪80年代初,双层经营中"统"的是一家一户（包括大农户）办不了、办不好、办起来不合算的事,现在则是从事专业化生产经营的农户所需要的专业化种植养殖技术和规模、市场信息、市场销售渠道、农产品质量标准和品牌以及农产品加工技术等,村委会等社区性的组织很难提供这些服务。

家庭联产承包责任制经营分散且交易成本高,这就导致农民在市场交易中始终处于弱势地位。此外,近年来工业品和农业生产资料的价格有所上涨,这就导致农民可以获得的收入进一步被市场强势集团瓜分,农业出现增产不增收的现象。20世纪80年代末,在全国范围内相继涌现出各式各样的农村专业合作经济组织,反映了广大农民希望降低市场交易成本,提高市场谈判地位,分享经济增长成果的制度诉求,这是中国农业基本经营制度创新最重要的推进力量。

从我国农业发展实践看,以家庭承包责任制为基础形成的农村专业合作经济组织是符合我国社会发展需要的伟大创造,促进了我国农村和农业经济的改革和发展。农村专业合作经济组织顺应了中国农业生产的专业化、商品化、社会化和市场化的改革趋向,是中国农业基本经营制度的重大创新。

(二)农民分享现代化成果的有效机制

农民专业合作社是具有自愿性、自助性的组织,由农业生产经营者和相关服务提供者、利用者组成,该组织成立的目的在于帮助社员更好地开展农业生产经营活动,为农户成员提供最大限度的生产经营服务,追求社员间的公平,保护和增进普通社员的利益,实现组织成员利益的最大化。农村专业合作组织已成为农民分享现代化成果的有效机制,主要表现在以下几个方面。

1.通过自我服务和民主决策维护小农户的经济利益和权利诉求

处于小规模分户经营模式下的农户处于分散状态,这也是农户在市场中始终处于弱势地位的重要原因。农村专业合作组织通过农户成员的集体行动,既可以有效地解决农户农业生产经营公共产品供给不足的问题,也可通过与政府的沟通及时反映农户的权利诉求,使政府的相关立法和政府决策有利于农户的生产经营和农村经济发展,尽可能减少对小农户的经济利益等社会权利的伤害,也可以把政府的政策信息、农产品市场价格、农业科技信息等及时传达给农户,实现对农业和农民的指导和引导,减少农民生产的盲目性和无序性。虽然一些机构和学者要求我们清醒地认识农村专业合作组织在扶贫、促进社会公平、帮助弱者方面的局限性，但农村专业合作组织作为弱势农民群体中的强势个体之间的联合，其对农民经济权益和其他社会权利的维护仍然是一支不容忽视的正义力量。

2. 促进建立农产品质量等级和农产品标准化

农村专业合作组织可以正确引导农产品质量等级和标准化的建设，可以有效地改善农产品的社会认可度，提高整个产业的经营业绩，使生产者得到了更多的报酬。一些农村专业合作组织在引导农民发展专业化种植养殖产业时，采用统一的生产程序、统一的技术标准和统一的质量标准，为农户成员生产的农产品取得"绿色产品"认证，走向国际市场创造条件。事实上，中国农产品领域中的"名、特、优"品绝大多数是农村专业合作组织进行专业化生产经营的结果。

3. 统一生产、销售活动，提高农户生产经营效率

农村专业合作组织通过统一生产、统一销售等相关的农业生产经营服务活动，融技术指导、信息传递、生产资料供应、资金融通、产品销售等服务功能于一体，高效有序地组织小农户进入大市场，有效提高了农业生产经营效率，延长了农业产业链，增强了小农户抵御市场和自然双重风险的能力，实现了农民增产增收，是让农民分享现代化成果的有效机制和形式。农民专业合作组织以农村家庭承包经营为基础，立足当地资源，以种植养殖业的生产经营活动为纽带，将分散的小农户的生产经营活动组织整合起来，实现了农村生产要素的优化配置，提高了农业生产规模化和专业化水平，推动了当地优势农产品生产和特色产业发展，带动了加工、销售、贮运等第二、三产业的发展，拓宽了农村剩余劳动力转移和农民增收的渠道，形成了农民分享现代化成果的有效机制。不少农村专业合作组织通过创办加工、销售企业或与农业产业化龙头企业相互投资、参股，探索"公司＋专业合作组织＋农

户"的新型产业化经营模式，寻找农产品增值的新途径和新空间。

三、我国农民专业合作社发展的途径

（一）完善合作社内部制度安排，促进合作社的规范化发展

现代企业具有产权明晰、权责分明的基本特征，而这一特征也正是现代农业发展对农业合作社提出的要求，即建立内部治理完善、主体权责分明的现代化农业合作组织，这具体体现为以下几个方面。

第一，在产权制度安排方面，坚持财产权利的"民有"原则，即在实质上，将组织内部财产的最终归属权赋予合作社的全体成员；在形式上，其则表现为由组织的管理者依照法律和章程来行使管理权。

第二，在融资渠道方面，合作社可以通过立法的形式来确定以合作社成员投入的股金为主的多途径融资方式的合法性，鼓励多种渠道的投资方式。

第三，在资产流动性方面，允许并鼓励合作社自有股金在合作社内部的成员间流动，以防止资本外流；其可对资本向组织外成员的流动做出一定的限制性要求，并规定在同等条件下合作社内部成员拥有优先受让权。在法人治理结构和民主管理制度方面，健全合作社成员大会制度和投票机制，使其成为成员依法行使监督、决策权力的有效平台，真正成为"民办、民管、民受益"的农民自主组织。

第四，在分配制度方面，可在明晰产权的前提下，引入"资本参与"的分配机制，在一人一票和股金外资本报酬制度的基础上对其加以改进。合作社可采取"一社两制"的利益分配方式，即对于内部资本，应采取严格的资本报酬有限原则，主要按劳动量或交易额来分配成员的收益；对于外部资本，应在资本报酬上给

予一定的优惠，以吸引更多的资本流入，并将其稳定于合作社之中。

（二）建立纵横交错的合作社组织体系，引导多层次的组织间联合

农民专业合作社在创新的过程中，应坚持多元化、多层次的发展原则。农业合作经济组织可以通过各种形式的产业组织或机构间的联合与互助来促进其发展，在实践中应尊重群众的首创精神，顺应发展潮流，积极进行制度创新。

第一，积极支持和鼓励跨地区、复合型、多功能的农业合作组织发展。加快农民专业合作社、供销合作社和信用合作社"三位一体"的新型农村合作组织建设，增强基层合作组织服务"三农"的能力。

第二，将合作社创新与农业产业化经营紧密结合。处理好流通环节中龙头企业和合作社的关系，积极推动农民专业合作社生产发展和农产品商品基地建设。促进农产品标准化、规范化生产。

第三，促进传统集体经济和新型专业合作经济的有效结合。作为农村有着显著地位的治理结构，基层村委会和村党支部应尊重合作社依法独立进行经济活动的自主权，维护集体和农民的合法权益，以形成传统的"党支部、村委会"治理结构和"农村合作组织"有效结合的新农村建设治理模式，促进农业合作经济和乡村治理的协调发展。

第三章 技术创新：发展农村互联网经济

近几年，电子商务、物流快递等新业态快速增长，其中互联网在农村经济中的应用让农产品流通有了新途径，农民增收有了新渠道，"互联网＋"成为农村振兴的时代拐点。本章主要对互联网经济下的农产品电商、农资电商、农特微商、农村小微企业创新进行深入研究，以期全方位发展农村互联网经济。

第一节 互联网经济下的农产品电商创新

《2018 年中国农产品电商发展报告》显示，2017 年我国大宗商品电子交易市场在整顿中得到发展，2017 年我国各类农产品大宗商品电子交易市场达到 1 969 家，其中农产品电子交易市场包括 585 家，占 29.7%。2017 年，我国农村网络零售额超过 1.2 万亿元，其中农产品的网络零售交易额占 20%，预计达到 2 500 亿元。农业部规划 2020 年我国农产品电商将达到 8 000 亿元。[①] 可以看出，我国农产品电商随着网络普及实现了巨大发展，而且随着电商对农产品市场的不断挖掘，未来农产品电商还会获得更大发展。

一、农产品电商的模式

随着社会经济的发展，大众对农产品的需求已经逐步由"温

---

① 2018 年中国农产品电商发展报告 [EB/OL].http://www.ebrun.com/20180320/268676.shtml.

饱型"转向"品质型"，人们逐步追求高品质、安全、高质量以及个性化的产品，因此对供给端也提出了更高的要求，由之前的"粗放型"逐步向"质量型"转变。农产品上行电子商务的发展模式根据规模和交易对象的不同，可以分为大宗农产品 B2B 专业平台模式、农产品 B2B 交易信息资讯服务模式、农产品第三方平台模式（B2C/C2C）、农产品自建平台模式（B2C/C2C/C2B）、社交媒体模式（B2C/C2C）等几种类型。

（一）大宗农产品 B2B 专业平台模式

随着产业互联网的快速渗透，一些农产品品类里已经出现了规模较大的专业电子交易市场，只做单品类或专有品类产品的网络交易平台，如生猪市场、花卉电子交易中心、芦笋交易网、棉花交易网等，这些专注于某一个领域，汇聚本领域的交易者，值得各类型农产品生产者的大力关注。大宗专业平台为交易商提供多项服务，包括交易服务、支付结算服务、融资服务、物流服务及质检服务等。

大宗农产品 B2B 交易的规模在商品农业经济结构中占有较大权重，目前也有很多以农产品为主要交易品种的大宗商品现货交易平台，这些交易平台的交易模式一般包括挂牌交易、竞价交易、协商交易、委托交易和特色专场等多种模式。

大宗农产品 B2B 交易的支付服务模式包括网上银行模式、银商通道模式和第三方支付模式。通过网上银行进行划款支付是重要的支付方式之一，支付过程是不经过交易市场的，由买卖双方之间按照合同约定完成；银商通道是指交易平台系统与银行系统连接，交易商通过交易平台或银行提供的多种渠道发出资金划转指令，实现相关资金实时划转；第三方支付结算平台通过与交易平台、银行相对接，为交易提供支付结算及其相关的管理服务。

大宗农产品 B2B 交易的物流服务也是必不可少的，平台采用自建或合作的方式提供物流服务，物流服务商为交易企业提供运输、仓储管理、配送等服务，同时为外贸业务供代理报关、报检、报验、订舱等服务；交易平台将在平台上进行交易的产品物流信息进行整合，提取相关信息，为交易商及相关企业服务。

（二）农产品B2B交易信息资讯服务模式

农产品B2B交易信息资讯服务模式主要是指提供大量综合性农产品信息对接的平台，如中国惠农网、广东正地农产品交易所、新发地农产品电子交易中心等，平台通过发布产品行情信息、供求信息等为买卖双方提供服务。

信息资讯服务型平台主要提供农产品的价格行情、交易品种分析、行业分析、其他增值服务等，提供行业报告、杂志或者针对某些品类的价格趋势预测等定制化服务，同时也提供交易的供求信息服务，但不提供交易过程的监督、结算、融资或物流服务。

此类平台按照产品品类、地域等维度分成不同的频道，包括价格行情、市场分析、现有库存统计、国际行情、相关政策信息、专家评述等，有的平台有自身的价格分析及预测的模型和工具，分析的价格具有一定的代表性，有的形成具有一定认可度的指数。服务内容还包括定制化的杂志、研究报告、定期分析报告等。

除此之外，平台还会提供相关农产品的会展服务，举办会议、展览、沙龙、培训等，促进行业内企业交流；也提供其他增值服务，包括短信服务、广告服务、企业网站定制服务等，平台同样可以通过增值服务获得收入。

（三）农产品第三方平台模式

农产品第三方平台模式（B2C/C2C）是指农产品生产者通过第三方电子商务平台将农产品进行销售，此类模式一般包括B2C或C2C两种模式，企业或者个人在第三方电商平台上售卖产品，消费者下单进行购买。

目前，这类第三方电子商务平台有很多，包括阿里巴巴、京东商城、苏宁易购、1号店、聚划算、美团网等。淘宝网是C2C的代表，但是目前相对比较鼓励规模化和规范化经营，特别对于可以入口的食品，消费者的要求也更高，很多产品以C2C的形式进行售卖，产品质量很难得到保障。因此，如果作为合作社或农产品生产、加工企业，可以通过天猫商城、京东商城等B2C的平台进行产品的销售。

借助第三方平台销售农产品一般有两种方式：一种是在第三方电子商务平台上开设店铺，直接销售产品。这种方式需要农产品的卖方有一定的网店操作能力和运营技巧；另一种是将商品卖给平台，再由平台进行销售。这种方式一般是与自营型平台进行合作，平台对产品进行统一筛选，农产品供应商与平台进行商务沟通，无须在平台上自己开店和运营。

第三方电子商务平台可以为买卖双方提供众多服务，主要包括信息服务、交易服务、支付结算服务、融资服务、物流服务、质量检验服务等；完成这些服务，平台需要诸如商业银行、担保公司、保险公司、物流企业、质检机构等合作伙伴，同时接受相关监督管理机构的监管。

（四）农产品自建平台模式

农产品自建平台模式（B2B/B2C/C2B）一般是较有实力的大型企业建设自身的对外销售平台，销售的对象包括供应链下游企业或终端用户，这类平台依据交易对象的角色不同，分为B2B平台、B2C平台和C2B平台，农产品卖方是一家企业，买方是下游企业或者终端消费者。

农产品生产者建设自身的电商平台，平台自身参与交易，但自己搭建电商平台进行销售的成本较高，需要专人维护和营销推广，而效果并不能得到很好的保证，但是对于一些实力较强的农业企业或合作社来说，如果采用此种模式，就会使得自己的销售渠道不会受到他人控制或干涉。

这类平台最初的目的是销售自身的农产品，同时可以宣传自己的特色产品或定制服务,用更快捷、更全面的途径让更多的客户了解自己的产品,促进交易。随着交易的发展,自建平台可以跳出自身企业的限制,扩展到同类或供应链上下游相关企业的层面,自建平台可以逐步转向"自营＋第三方"混合的交易平台,为更多的上下游企业服务,但此时对平台本身的要求也将更高,逐步向第三方电子商务平台所提供的服务发展。

C2B 模式是未来农产品发展的重要方向之一,企业通过自建平台可以实现农产品个性化的定制,这种模式可有效解决生鲜农产品的保鲜、仓储、物流问题,主要表现形式包括农产品认养(认种)和农产品定制生产。农产品认养(认种)是指由消费者通过互联网平台虚拟购买一块土地,消费者可指定该块土地今年的种植品种,收获一年内土地上产出的所有农产品,并可到自己的土地上旅游度假、种植体验;农产品定制生产模式是平台汇聚城市里中小餐厅分散的采购需求,然后由平台向上游寻找合适的农产品基地进行采购或引导基地进行生产。

（五）农产品社交媒体模式

互联网社交平台众多,包括之前的人人网、开心网,现在的微信、微博、QQ 空间、Facebook 等,由于微信、论坛、微博、直播等互联网媒体平台的快速发展,很多优质的农产品可以通过社交媒体平台进行销售。

农产品社交媒体交易模式的卖方可以是农产品生产企业,也可以是个人,产品的购买者一般都是最终消费者。这种模式一般是通过庞大的粉丝群进行销售,主要依靠的是特定专题、故事、文案、互动等进行营销和圈粉,有些通过委托专业公关公司进行,有些将长期运营积累的用户引流到平台上,社交平台的价值在于强互动与强信任,有助于品牌的建立。

从农产品销售的对象及模式来看,社交媒体模式一般比较适合年轻的新生代农民,通过故事、互动卖出农产品,还可以提供乡村旅游、特色产品订制等服务。

三、农产品电商的营销及发展途径

（一）农产品电商营销

在这个互联网时代，农产品电商要不断摸索新的营销方式，学会让农产品适应电商而不是让电商适应农产品，制定策略时要从消费者和市场的角度出发，不断创新发展农产品的销售手段，这样才能在竞争中立于不败之地。

1. 营销特点

（1）产品差异大

基于农产品的各种认证的市场较为混乱和无序，增加了电商企业的辨识难度。因为农产品的特殊性，不能通过标准化的流程收获标准化的产品，使得挑剔的消费者容易对农产品的品质差异产生不满。

（2）同质化严重

农产品作为各大农村电商的主营产品，大部分都是谷类、豆类、薯类、蔬菜类、水果类农产品或者农副产品，商品的差异化程度较小，特别容易被模仿和复制，导致农产品的利润不高。

（3）运输成本高

农产品在运输和配送过程中需要严格控制温度和湿度，否则会大量腐败变质。大部分的生鲜农产品全过程都需要冷链保鲜，导致物流成本大幅上升。

2. 销售手段

在电子商务的流通模式下，农产品的信息流由以前的"单向延迟、线性传递、被动接受"变成"双向即时、网状连接、推拉互动"，生产者可以和消费者直接互动，消费者之间也可以横向交流，因而农产品电商有机会也有条件实践很多创新的销售方式。

（1）预售

预售就是将还没有采摘、收获的果实提前卖给消费者。预售的重点是解决信任问题，要为消费者提供安全绿色的食品，让消费者能够放心地食用。

预售本质上销售的是土地和服务，不追求产量，但是把果蔬的高品质看作最高原则，以保证果蔬的新鲜天然。这样纯天然、无污染的食品会成为重视食品安全的现代人竞相追逐的对象，因此，在产品单价和附加值上就有了很大的盈利空间，这也是刚开始定期宅配十分赚钱的主要原因。

（2）私人订制

私人定制就是将土地出租出去，然后工作人员按照租客的要求进行种植，最后将产出配送给租客，租客也可将其视为周末休闲旅游的一个日程活动。私人订制为消费者提供更多有价值的服务来提升消费者的体验，如消费者可以在耕种、管护、收获的过程中获得更多的体验和食用真正安全的食品，也有助于提高消费者的信任度。

（3）周期购

粮、油、牛奶等一部分农产品在需求上表现出了很强的周期性特征，这些农产品是消费者必不可少的日常需求。按照传统的购物方式，消费者只能去线下超市定期进行购买，但在电商模式下，购物可以变得更加便利。

（4）CSA 结合电子商务

CSA（社区支持农业）最初是从日本发展起来的。当时的消费者为了吃到健康安全的食物，就与那些有稳定客源的农民合作。我国的 CSA 与国外的不同之处在于，我国的 CSA 是从生产端开始的，一些创业者和农户先生产出绿色安全的农产品，再进行销售，但由于成本较高，不容易找到合适的消费者。

随着电子商务的高速发展，CSA 实践者看到了希望。例如，清华女博士后石嫣创办的"分享收获"，除了与农民合作外，还通过在淘宝开店，将收获的农产品与新型流通方式对接，将这一小区域经济合作方式在网络上扩大,并将理念传播给更多消费者。

3. 营销工具

农产品电商的营销工具具有多样化的特点,如 PC 互联网就包括开网店、自建独立网站、微博等;移动互联网包括微信、手机淘宝等。

（1）PC 互联网

第一,开网店:如淘宝、京东等,通过开网店在网上发布产品信息,进行商品展示,建立良好的产品形象,从而实现更好的商品交易。网店中可以放一些农产品生产过程中的照片和视频,也可以发布一些产地的市场信息,或者农产品生产企业的新闻等。对于刚进入农产品电商的创业者来说,利用第三方平台销售不失为一个好办法。

第二,自建独立网站:一些有较全产业链和产业结构,以及有较强组织能力的企业,可以选择自建网站。企业自建网站,有 B2B 类型,也有 B2C 类型的。B2B 类型的如美菜网、链农等。B2C 类型的如沱沱公社、本来生活等生鲜电商。这些自建网站型企业有的有自己的生产基地,同时也经销其他企业或农村合作社的农产品;有的则没有生产基地,只是农产品流通企业开设的网站。

第三,微博:这种营销推广方式成本很低,而且可以直接带来潜在客户,具有很好的实时性。有一些农产品企业通过微博进行营销,产生了不错的宣传效果,可达到几千甚至上万的转发量。

（2）移动互联网

第一,微信。建立个人微信账号或申请公众账号,微信公众账号也是完全免费的,这也就意味着任何人都可以在不花费一分钱的情况下拥有一个可以推送任何信息的平台。微信的载体是手机,它的屏幕自然不能与计算机相比,因此就不能像淘宝、京东这些平台一样上传大量细节图,那么前期可以上传一些农产品的日常常识,如营养知识、挑选方法等。每天都保持分享,逐渐吸引潜在客户。目前是移动电商的时代，微信营销模式的发展空间很大。

第二，手机淘宝。现代人的购物习惯已经越来越趋向于通过手机满足随时产生的购买需求，而通过手机淘宝的购物平台，是所有媒体中最有可能被转化为实际消费的。截至 2017 年 12 月，手机淘宝客户端累计下载量排名高居应用市场榜单前五名，2017 年度淘宝"双十一"大促活动，无线端成交量高达 90％以上，比 2016 年 82％的占比持续提升。

（二）农产品电商发展途径

在经过一系列艰难尝试和探索后，农产品电商模式开始逐渐走向成熟，基本探索出三大最有价值的发展方向。

1. 品牌化

对于农产品来说，首先要重视产品的品牌化营销。近年来，消费者对优质品牌农产品的需求日益旺盛。在消费者心目中，品牌代表了高质量、可信任，他们愿意为此付出更多的金钱。

目前大多数农产品还停留在地域品牌的初级阶段，如洛川苹果、西湖龙井等，真正的市场品牌还非常少。因此，一定要深度开发农产品内涵，把农产品打造成独具特色和个性的品牌，提升品牌附加值，让产品能够在众多同质化产品中脱颖而出，避开低价竞争的误区，借助品牌化率先占领市场。

2. 社区化

很多农产品电商已经意识到"最后一公里"的重要性，开始深入社区进行物流布局，通过这样的方式把农产品的物流链缩短，降低物流成本，减少损耗。但在社区终端的建设上需要投入一定的成本，而且终端建设和渠道的融合还需要一定的时间。另外，对社区终端的管理问题、细节问题都需要逐步完善。随着移动互联网技术的不断提高，以社区为中心的电商客户端将占据市场主体，这也是农产品电商未来发展的出路。

3.O2O

农产品电商可以将线上线下两个渠道结合起来，利用微博、微信等社交工具作为传播手段，开展网络营销，同时可以运用大数据对客户群体进行精准定位，大幅降低营销成本，实现高效率的营销传播，并从中摸索出一种正确的盈利模式。

第二节　互联网经济下的农资电商创新

随着"互联网+"的兴起及市场需求的多元化，新型农业经营主体对农资产品在质量、技术等方面提出了更高的要求。2015年以来，农资电商领域开始受到更多传统农资企业、电商平台的青睐。

一、农资电商的基本模式

（一）B2B 模式

在 B2B 模式下，农资产品供给企业和需求企业利用电商平台进行农资交易，是比较常见的一种农资电商模式，农资电商 B2B 模式销售流程如图 3-1 所示。按照目标客户不同，可以将农资电商的 B2B 模式进一步划分为综合性 B2B 模式和垂直性 B2B 模式。目前，有很多 B2B 农资电商平台，其中阿里巴巴批发网是一家比较成功的综合性 B2B 模式平台，农资行业的上下游企业聚集在该平台上进行农资产品交易，电商平台也上架了复合肥、杀虫剂、蔬菜种子等多种农资产品。由鲁西化工集团上线运营的中国购肥网是农资领域中垂直性 B2B 网站的典型代表，通过该平台，全国的化肥经销商和零售商可以快捷地获取自己需要的产品信息，有效地帮助企业在全面掌握信息的基础上进行交易。但从实践中看,中国购肥网的产品展示性更强,网站上线的产品都是鲁西集团生产的,虽然设有在线客服但是没有发挥其应有的作用,在网站设计和产品介绍方面也过于简单,甚至电商平台没有对支付方式、售后服务、物流配送等相关问题进行详细说明。

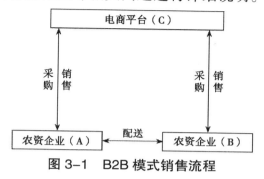

图 3-1　B2B 模式销售流程

（二）B2C 模式

在 B2C 模式下,农资产品供应商、经销商与消费者通过电商平台实现交易,相较于传统交易方式有效地提升了交易效率。农资供应商和消费者会集聚在 B2C 平台上,供应商在电商平台上展示自己的产品并进行适当宣传,同时还可以利用大数据技术准确定位目标客户群,而对于消费者而言,B2C 平台可以帮助他们更快捷地找到自己需要的产品,提高了交易效率,可以在平台上方便快捷地搜寻到自己心仪的产品并与企业达成交易,B2C 模式销售流程如图 3-2 所示。B2C 模式是目前农资电商平台广泛使用的模式之一,如易农优选、云农场、阿哥汇等都是比较有代表性的平台。

（三）B2B2C 模式

农资电商的 B2B2C 模式是指供应商、经销商和消费者通过电商平台有机结合在一起,从而形成了一个集采购、生产、销售为一体的有序循环,是一个完整循环。对于 B2B2C 模式来说,其最显著的一个特点就是可以实现销售零库存。农一网是由辉丰股份和中国农药发展与应用协会主导投资组建的采用 B2B2C 模式的电商平台，其农资销售流程如图 3-3 所示。

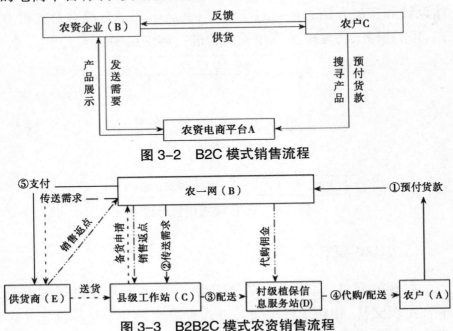

图 3-2　B2C 模式销售流程

图 3-3　B2B2C 模式农资销售流程

在 B2B2C 模式中，工作站发挥了重要作用，工作站主要是由传统的农资经销商、植保合作社、植保服务公司等合作组建的。村级工作站、县级工作站和农村信息化服务站负责的内容不同，村级工作站主要提供农资产品代购和植保信息技术推广等服务，县级工作站和农村信息化服务站在农资仓储、农资配送、农业技术服务、代购等环节发挥重要的作用。在 B2B2C 模式下，县级工作站需要事先准备好相应的农资产品，以便在农户提交订单并预付货款后，可以及时发货，一般农户购买的农资产品由县级工作站直接发货到各村级服务站，然后再配送给农户。这种农资电商模式极大地提高了农资配送的时效性，同时还可以更好地覆盖不同的作物种植区，对于农资产品区域性强的问题可以有效解决。虽然 B2B2C 模式具有很多优势，但目前这种模式仍然存在很多难以解决的问题。

（四）O2O 模式

O2O 模式是一种线上连接线下的电商模式,就我国电商行业的发展实际来说,O2O 模式已经成为新蓝海,目前在餐饮、酒店、美容等服务性行业该模式已经得到了广泛应用,O2O 模式会直接在平台上发布产品活动、优惠打折等信息,消费者只需要在线上支付就可以在线下享受相关服务,也就是通过电商平台将线上线下有机结合在一起,充分发挥线上营销的作用带动线下消费。2015 年 7 月 16 号,正式上线的农商 1 号是国内目前投资较大的O2O 农资电商平台,其整合了中国邮政的乡村网络及金正大 10万名传统经销商,农商 1 号销售流程如图 3-4 所示,布局大量区域中心、县级中心,不仅保障了农资产品配送效率,也有效利用了金正大集团完善的分销体系,有效地协调经销商与电商平台的利益冲突,实现互利共赢。

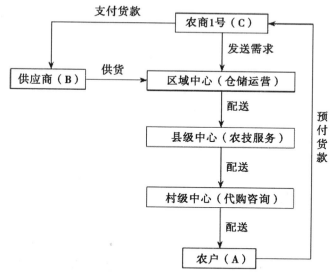

图 3-4 农商 1 号农资销售流程

二、案例分析——京东农资

（一）京东农资平台发展现状

京东农资是在农资方面对京东电商平台的延伸，属于京东集团的战略投资项目，京东认识到我国目前具有广阔的农村市场空间，因此将农村市场作为未来电商平台的重要发展方向。为了达成一定的市场占有率，京东将打通农资行业信息流，整合农资行业的各个环节，建立完善的供应链体系，向所有相关方面的人员提供配套设施。

1.平台的出现时间

京东农资频道于 2015 年 8 月 11 日正式上线。京东农资频道有自己独立的运作界面和相关的产品信息。在具体产品提供上，主要是种子、农药、化肥、农具等农资产品，京东农资的出现标志着国内采取自营农资方式的综合电商平台开始出现。

农资频道正式上线是一个复杂的过程，并不是依靠简单的运作就可以完成的，京东对农资频道进行了大量投入以保证频道的正式上线，其中最主要的方面在于与农资企业达成合作协议。具体而言，在平台正式面向大众之前，已经与京东进行合作的公司相关情况分析如图 3-5 所示。

2.平台的发展状况

随着我国大力推进"互联网+"战略，电商发展前景光明，尤其是对于农村市场的广阔空间来说，农村电商已经成为新蓝海。农民的消费习惯在逐渐改变，信息越来越透明，这些为农村电商的腾飞提供了基石。对于京东农资平台而言，环境的大好需要有效地利用。

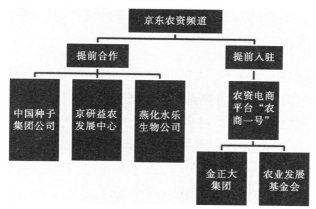

图 3-5 京东农资频道合作情况

京东对于农村淘宝而言是较大的竞争对手,相比于农村淘宝的未来计划,京东在 2015 年提出了规划,将在未来的 5 年里开设 10 000 家服务站,覆盖全国四分之一的乡镇市场。同时,京东在较短时间内完成 500 家县级服务中心的规划和上千家以合作模式运作的京东帮服务店。为了完成这个目标,还要发展数万名村民代理。图 3-6 为京东的线下实体店,也就是京东帮服务店。

图 3-6 京东的线下实体店

虽然目前京东和淘宝等其他的电商平台都在农村领域平稳发展,逐步进行农村市场开拓,没有明显的激烈竞争。但是随着市场的缩小，不久的将来，农村电商的竞争必然进入白热化阶段。

3. 平台的影响情况

在国家政策支持下，京东开始进军农村市场，搭建了京东农资电子平台，推出的京东渠道下沉战略，打通农村电子商务"最后一公里"。在模式上与农村淘宝较相似，但因为重心不同，平台的特色较为鲜明。就实际的影响情况而言，主要是从根本上为农村的消费者解决了一些实际问题，以家电购买为例，在京东平台购买家电产品的优势和劣势如图 3-7 所示。

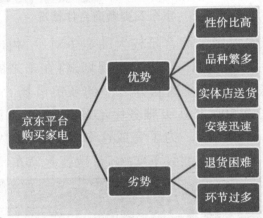

图 3-7 京东平台购买家电的分析

能够解决农村消费者实际问题的平台，就能够获得大众的信任。所以，京东帮服务店在全国县级城市铺开建设的速度也十分迅速，随之带来了影响力的提升。具体的影响情况，根据受众的不同主要分为三个方面，即政府机构、线上平台和线下店铺。

（1）政府机构。与淘宝相比，京东平台对政府机构的影响力较弱，但与其他大部分电商平台相比，京东目前也在逐步开展相关的建设工作，加强与政府机构的合作。

（2）线上平台。京东作为专业的综合网上购物商城，囊括家电、手机、电脑、母婴、服装等 13 大品类。农资京东的线上平台受众主要是年轻一代的农村用户，在范围上不及淘宝。

（3）线下店铺。线下店铺的受众主要是所在地的农民，销售的产品不仅仅是农资农具等方面,同时也包括线上平台的线下购买机制。

4. 平台的网站设计

京东农资是京东电商平台下属频道,在网站设计方面与京东电商平台保持一致。要了解具体的设计方面,首先需要对京东有一定的了解。京东电商平台是京东集团的一部分,京东集团旗下设有京东商城、京东金融、拍拍、京东智能、京东到家及海外事业部。京东在具体的操作上,主要是通过内容丰富、人性化的网站和移动客户端,以富有竞争力的价格来获取用户黏性。

京东农资平台作为京东电商平台的组成部分,具备京东电商平台的优势,这主要体现在支付方式和物流方面等,同时服务质量也是被广泛认可的。同时,京东平台还为第三方卖家提供在线销售平台等一系列的增值服务。京东农资的官方主页如图3-8所示。

图3-8　京东农资的官方主页

京东农资平台对农资产品进行了基本分类,主要分为种子、肥料、农药、饲料、兽药、园林园艺、农机农具等。在平台主页上,平台又分别对每类别的具体方面进行细分和展示。与农村淘宝平台不同,京东农资平台对于相关的重点类别进行了更详细地分解,主要是农用物资、京东村、农医院、品牌专区、农业示范区、农产品众筹和农村金融，产业链更加完善。图 3-9 就是京东的农村金融产品——京农贷的界面。

图 3-9　京东农村金融产品——京农贷

5.平台的受众群体

虽然淘宝和京东都开了线下服务店，但是二者存在本质区别。淘宝的线下店是为了构建完整的农村战略，通过点的方式辐射周围，构建成巨大的地区网络，同时通过与农民打交道，建立起农村地区的品牌效应。京东的线下店在目前的作用主要就是线上的补充，以扩大销售面，并没有体现完整的战略发展。

由于京东线下店与淘宝线下店存在本质区别，二者的平台受众也就有所不同。京东农资的受众并不是以传统的农民为主，而是以有一定互联网基础的新时代农民以及相关的平台销售受众为主。京东帮服务店为县域及农村消费者的农机农具消费提供代客下单服务以及大件商品送货、安装、维修、退换一站式服务。这种模式更多的是针对整个农村市场，而不是传统的农村农民。

（二）京东农资平台优势分析

京东农资平台的建设相比淘宝起步较晚，但是平台的优势同样在极短的时间内迅速建立了起来。下面从平台的自身内容出发，剖析平台的具体优势，主要集中在三个方面，即自营方式的优势、垂直化产品优势以及售后服务的优势。

1. 自营方式的优势

京东电商平台是一个具有很明显的独立性,以自营模式为主,而作为京东平台组成部分的京东农资也是如此。京东的自营商品就是京东自己出售的商品,而与之相对的是第三方商家,第三方商家主要是指其他商家借京东的平台卖自己的商品。由京东自营的商品,往往由京东发货并提供售后,商品质量通常有保证。图3-10就是京东自营的种子销售。

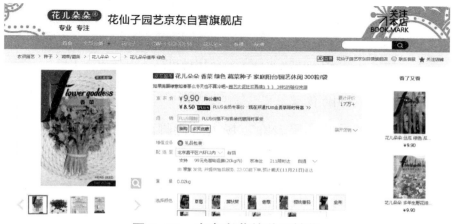

图3-10 京东自营的种子销售

自营模式的好处有很多,最主要的体现就是这种模式有利于企业供应。生产和销售的一体化作业,系统化程度相对较高,可满足企业对外进行市场拓展的需求。在实际的运作中,最让大众认可的就是京东自营商品的质量有保证。

2. 垂直化产品优势

京东平台的产品种类、品牌繁多,具体的商品种类高达4 000多万种。相较于淘宝平台,京东农资的细分类别更多,从消费者的角度出发,产品上更为垂直化。垂直化之所以能够成为京东农资的优势,主要在于品牌的入驻。为了进一步强化产品优势,目前京东已经形成了一套完善的推广和入驻审核机制,为平台对于入驻机构的全方位支持,具体如图 3-11 所示。

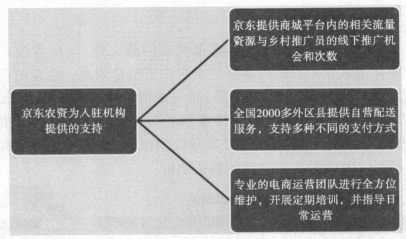

京东农资为入驻机构提供的支持

京东提供商城平台内的相关流量资源与乡村推广员的线下推广机会和次数

全国2000多外区县提供自营配送服务,支持多种不同的支付方式

专业的电商运营团队进行全方位维护,开展定期培训,并指导日常运营

图 3-11　京东农资为其入驻机构提供的全方位支持内容

3. 售后服务的优势

售后服务是京东平台在市场上站稳脚跟的一个重要原因,相较于其他电商平台,京东的售后服务更加贴心,从而赢得了数量众多的会员。无论是在京东平台上,还是在京东农资平台上,京东提出的 7 天无理由退货是真正意义上的无理由退货,基本上绝大部分 7 天内提出的退货申请都会被通过,然后根据具体流程完成。

在售后服务方面,京东推出了"售后到家",这是京东为客户提供的一项免费取送、原厂检修的特色体验服务。京东"客服到家"相关流程如图 3-12 所示,此外,若在线技术支持完成后故障解决,则受理终止。

(三)京东农资平台成功因素分析

京东农资拥有较大的客户群,并且影响力较大,相较于其他农资平台发展的比较成功。从可以借鉴的角度出发,京东农资的成功因素主要集中在三个方面:一是大力打造京东村,二是构建供应链体系,三是重视与知名企业合作。

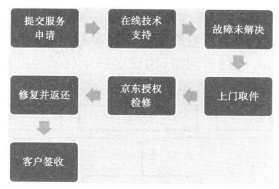

图 3-12　京东推出"售后到家"的相关流程

1. 大力打造京东村

京东重视下乡，在很多农村地区建设了大量乡村级别实体店，京东希望通过这种方式为自身产品销售打造完整的农村渠道，京东农资作为其最重要的一个方面获得了更多的资源。但是就整体而言，京东农资平台的成功还与京东村的推广有着直接关系，这是其他平台所没有的优势。

随着京东村进军农村市场，带动了京东农资发展，提高了京东农资在农村市场的影响力，并更具体地体现出该平台的重要优势。相关内容分为三个方面，分别是物流体系完备、自营模式控制品质和强调为农民服务。京东的乡村布局使其拥有能够支撑到县域及县域以下的完备物流体系，这是其他农资电商平台不具备的；自营模式控制品质，建立了一种可追溯的、封闭的、保证质量的体系；在实际的服务中，京东农资的布局改变了传统农资的流通方式，进而优化农资的整个产业链。

2. 构建供应链体系

随着电商在我国的发展，电商企业逐渐意识到打造完整的供应链体系具有的重要意义和作用，对于农资电商来说也是如此，只有构建了科学完整的供应链体系，才能充分发挥电商的作用，推动行业的发展。

从我国农资电商的发展实际来说，农资行业的市场空间约为

2 万亿元,规模庞大的潜力下却缺乏市场准则及行业标准,农户与企业之间处于信息不对称的状态。在这种情况下,京东农资电商平台根据已有的物流网络,构建了一个封闭可追溯的农资供应链体系,具体的相关分析如图 3-13 所示。

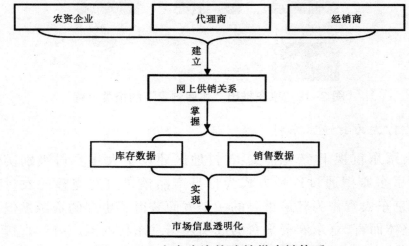

图 3-13 京东农资构建的供应链体系

在具体的运作中,京东农资平台既构建了供应链体系,又是体系的组成部分,除了电商平台以外,还包括了多个环节的内容。比如,京东众筹、京东白条、京东云等。从消费者角度而言,就是平台通过互联网技术进行线上、线下的有机融合,提供一站式技术、金融、资讯、交易等综合服务。

3. 与知名企业合作

京东农资正式上线后,十分重视与知名企业的合作,种子、农药、化肥等农资产大多都是与国内知名品牌厂商合作进行销售的,这些企业与京东农资达成协议,入驻京东农资频道。2015 年以来,诸多的知名企业加入,其中农资电商平台农商 1 号的加入也是京东农资初期发展的亮点。

除了与农资 1 号合作外,京东还于 2015 年 11 月与 191 农资人发成正式协议,成为战略合作关系。191 农资人网站属于互动媒体,主要是提供农资企业新闻、农资行业资讯等行业信息。

三、农资电商的发展趋势

（一）传统渠道与电商渠道

从渠道的角度来看，电商实际上是厂家运营的另一种途径，它可以将农资产品的销售直接延伸至农村地区，实现与零售商或大农户的直接对接。农资电商未诞生时，一部分厂家也试图延长自己的销售路线，但效果并不理想。大部分厂家为了降低经济风险或受限于本身能力不足，会选择与经销商联合经营这种传统方式。

社会在不断进步，农村地区的土地流转现象频繁出现，大农户作为生产商的终端消费者会逐步聚集起来，固守传统思想的大农户也会逐渐被那些思维方式进步的农户逐步代替；互联网设施不断完善，农户对网购的接受度也会提升。所以，厂商在这时建设电商平台是顺应时代发展趋势的。

但是通过电商很难在短期内实现大规模扩张或是短期内获得大量利润。因为当下新兴产品和核心产品通过网络平台发展的还不多，其利润主要来源于传统渠道，网上农资需要在探索中逐渐积累经验。

目前的电商渠道越过了各级经销商，可以与大农户和零售商直接接触。一部分零售商在这个模式中承担了电商服务站的职能，除非是零售商的利润遭到侵害，否则是不会受到干扰的，只不过是分销来源从经销商转变为现在的电商，与云农场的运作方式有共同之处。

但是对于现阶段的农资电商来说，农户并不是十分集中，在网络操作方面也不是很熟练，实现全面的厂商与农户的直接对接还存在一定困难。不过随着时间迁移，大农户逐渐集中，他们的操作水平也会提高，厂商想直达农户的话，可通过电商平台负责销售、加强服务站建设及联手物流公司的方法来实现。

（二）发展农资电商的关键

当前的农户网购由于一些原因受到限制而发展缓慢，可以通过以下方式和途径来缓解和解决这些问题。

1. 改变农户的网购习惯

农户不仅不习惯在网上购买农资产品，对于其他产品也不习惯于网购，如家用电器和其他生活用品等，通常会选择到商店直接购买。因为不会网络操作，种植户的网购习惯需要慢慢培养。这种习惯的形成会大力促进农资电商的发展，也会对其他想要把农村作为线上市场开辟地区的大型电商企业产生巨大的价值。

2. 提高农户的网购信心

农资产品与家用电器和其他消费品的区别在于，此类产品与种植大户的生存问题挂钩。在农户中知名度较高的厂商开始发展自己的电商平台，向消费者提供高性价比的常规产品，让种植大户对网购农资的认可度不断提高。

一些农资厂商拥有优秀的推广部门，可以在开展线上线下推广时，为种植大户提供自身产品的线上信息，通过线上的方式展示产品内容。有些厂家掌握了种植大户的资源，可以通过各种渠道加强与他们的联系，在与其他企业竞争时把握先机。还可以为部分种植大户提供上门服务，教会他们怎样进行互联网操作，发挥消费者的口碑传播作用，使越来越多的大户加入网购队伍中来。

3. 降低产品价格，提高质量包装

依据大户的偏好来设计包装，采用与实体店经销的产品不同的规格。也可以调整产品的比重，避免出现线上线下两种销售途径冲突的现象。不过要以高品质产品为基础，制定恰当的价格。

4. 提供良好服务

搭建电商平台后，需要在平台上为用户提供各种信息咨询服

务,不断提升自己的服务质量。那些具备优秀推广部门的厂家可以发挥自己的专长。在与大户交易时掌握客户信息,提供上门服务,帮助他们解决相关问题。这样不仅能在线上宣传,也能在服务过程中推广自己的产品。

5.搭建顺畅的物流通道

对于农药或农作物种子这类产品来说,可以直接抵达消费终端,而化肥产品的配送对物流体系的要求比较高,也可以在农村地区建设电商服务站。

6.实现便捷支付

对于性价比高的商品,可能实现现金支付。目前,农村的土地流转还在进行当中,这就导致农资销售渠道必须进一步扁平化发展,电商模式在该领域的运用会缩短该趋势发展的进程。因为物流体系方面的限制,农药及农作物种子生产商家实践电商模式的速度应该会比化肥类企业更快;具备优秀服务体系的企业,比那些服务体系不完善的企业要更有实力,还可能会完成线上线下产品服务的一体化。和种植大户或专业合作社接触,能够开拓思维、实现发展创新。

第三节　互联网经济下的农特微商创新

农特微商是农特产品和微商的结合,农特产品搭载微商这班车实现了更好地销售。随着互联网的发展,可以发挥其在助推脱贫攻坚中的作用,推进精准扶贫、精准脱贫,让农产品通过互联网走出乡村。农特微商进一步推进了我国农村电子商务的发展。

一、农特微商的模式

（一）土地认领模式

土地认领模式可以将土地的价值翻番，以前价值 1 千元的土地可以通过土地认领模式让价值翻 10 倍，变为 1 万元。

土地认领指的是土地的主人制模式。具体来说，就是农产主在网络平台上进行土地的主人征集，在网上成功认领土地者将成为该块土地的主人，这块土地的所有产出均归主人所有。采用这种模式经营的产品大多为有机绿色农产品，如土豆、香菇等。主人认领土地后，可以自己进行打理，也可以交给农场主统一打理；或者采取二者结合的方式，平时交给农场主打理，自己在周末时则带着家人、朋友到认领的土地上进行种植、施肥等活动，体验田园生活，感受与城市大不相同的乐趣。

位于张家口市尚义县的瑟尔基河山泉农场就是通过土地认领这种新模式获得快速发展的。该农场属于坝下地区，碧水蓝天，土地肥沃。农场里果蔬不上化肥，用山泉水浇灌，做到了真正的天然无公害。此外，农场周边的风景十分优美，认领人在农作劳动之余还可以自行观光。商家通过微信朋友圈、公众号等方式进行宣传，吸引了大量的城市人群前来认领土地。

采取土地认领模式可以吸引大量客户。客户认领土地后可以亲自体验田园生活，同时可以随时掌握自己认领的土地的情况，实时监控自己种植的果蔬生长状况，这样可以更好地保证自己食用的产品没有受到任何污染。如今，食品安全问题已成为消费者最关心的问题之一。土地认领模式通过抓住消费者的需求点，最大限度地获得了消费者的青睐，成为广大农特微商经营者致富创收的新途径。

（二）预售模式

对于农特产品的生产者来说，最担心的不是农产品种植和生产的问题，而是多变的市场环境，如果遇到供大于求的情况就会造成农产品的滞销，而解决方法也只有低价甩卖，而这就会造成亏本的局面。但农特微商经营者如能采用预售模式，就可以在种植之前准确了解市场需求，从而最大限度地降低风险。微信是了解市场需求的有效工具，农场主可以通过朋友圈、微信公众号和社群进行预售，做到先收钱再种植，从而尽量规避风险，获取利益。预售模式有以下几点优势。

（1）市场反馈。通过预售，农场主可以掌握产品的市场反馈信息，进而了解消费者对产品的认可程度以及需求情况。这有助于农场主在种植和生产时作出适当的调整，更好地满足消费者的需求。

（2）用户数据。在预售模式下，农场主可以收集消费者的相关信息，包括消费者的姓名、电话、地址等，这样就可以使农场主更好地掌握消费者实际情况。这些数据看似简单却十分重要，因为通过传统销售方式，经营者根本无法得知产品的最终受益人群是谁、在哪里，而预售却可以完美地解决这个问题，让经营者做到知己知彼。除此之外，通过预售模式，农场主还可以针对数据进行研究，分析得出哪种农产品卖得最好，哪个地区的人喜欢购买哪种农产品，进而更有目的地进行种植。

（3）降低风险。在传统农产品销售模式下，产品需要种植后或是产出后才会推向市场，也就是说需要在没有完全掌握市场情况的前提下进行产品生产，这种方式极易遇到产品不被认可、消费者不买单等情况。而且，大多数农产品都具有保质期短、季节性强的特点。如果无法在一定时间内卖出，商家就只能采取打折的方式损利出售，更严重的是直接烂在地里或者仓库里，造成极大的损失。通过预售，商家可以先收钱，然后根据消费者的需求进行种植生产，将风险降到最低。

预售模式听起来只是将还没产出的产品提前销售,但实际操作并不是如此简单,因为大多数消费者都是十分警惕的。因此,农特微商选择预售模式必须在预售前解决以下问题。

第一,人脉。在如今的粉丝经济时代,没有粉丝,一切都是空谈。预售的前提就是有足够的粉丝、庞大的人脉。

第二,信誉。预售体现的是人与人之间的信任。如果商家没有任何信誉,就根本不会有人愿意事先付款。所以,在进行预售之前,商家一定要建立良好的信誉。

第三,品质。预售是消费者对商家的高度信任,绝对不能辜负。只有好产品才能开展预售,而且必须能够经受得住市场和消费者的考验。

(三)众筹模式

众筹是一种新兴互联网金融方式,从 2015 年开始迅速发展,现在已经成为一个比较大众的融资方式。但是,在传统的农产品领域采用众筹模式尚属新鲜做法。大致上来说,农产品领域的众筹可分为以下几种模式。

1. 农业众筹

农业众筹相对比较简单,是指先向消费者筹集资金,然后再让农民根据需求进行种植,等到农产品成熟后直接送到消费者的手中。农业众筹的过程与预售十分类似,业内人士将这种模式称为订单农业——根据销售组织生产。

农业众筹在我国的发展时间并不长。2014 年开始,众筹网陆续推出了一些与农产品相关的众筹项目,但是还没有形成整体架构和规模。直到 2015 年 6 月,众筹网才正式宣布进军农业领域,将农业作为平台的重点发展领域,并与沱沱工社、汇源集团、三康安食等大型企业达成了战略协议。

到 2016 年,农产品众筹已经极为常见,如众筹网与本来生活网共同推出的"尝鲜众筹"就是农产品众筹的典型代表。

"尝鲜众筹"选择延安宜川红富士作为项目产品,从产品种类的选择上就可以看出两家网站的别出心裁。首先,苹果的消费群体十分庞大,大部分人都吃苹果;其次,虽然对于北上广等消费能力很强的城市来说,红富士十分常见,完全不算特产,但是这两家网站主导的"北纬35° 海拔1 000米"的延安宜川红富士非常少见,对消费者有着足够的吸引力。

但是众筹网具有自身独特的创意风格和属性,因此"尝鲜众筹"并不是其最佳选择。同时,农产品的一个显著特征就是长生产链,在产品种植到最终产出这个过程存在很大的不可控性,后续服务很难保证。经过几次尝试后,众筹网就在自己项目的发起规范中限制了"食品、酒类项目、农产品"的众筹权限。众筹网与"大家种"有很大的区别,众筹网注重农产品的原汁原味,不强调创意、情感属性,不讲故事,只重点凸显F2F(家庭直达农场)这一特点,用心做到城市消费者与新农人之间的直接对话。

就当前的农产品众筹发展来说,还需要一段时间进行观念的培养,因为改变消费者的农产品消费习惯需要一个循序渐进的过程。但是随着观念的改变,相信农产品众筹终有登上舞台的一天。

2. 农业技术众筹

(1)粮食增产技术。这种技术与杂交水稻技术类似,粮食是人类维持生存的基础,在全球范围内粮食作物生产都是大问题,粮食作物始终占据着重要的市场位置,因此,发展粮食增产技术自然会受到大家的欢迎。

(2)引进新型农作物的种植技术。这种技术的价值在于所引进新型农作物的价值和稀缺性是全世界公认的,通过这项技术可以解决所引进农作物稀缺的问题。

(3)有机化肥农药技术。现在,有机食品备受消费者与企业的重视,围绕"有机"二字能够形成一整条产业链,任何一个不可替代的环节都是值得投资的。

(4)农业信息化、农业物联网建设。虽然就我国目前的农业发展情况来说,实现农业信息化和农业物联网还存在很多困难,但是这两方面都具有不可估量的市场前景。

3. 农场众筹

农场众筹的典型案例就是阿里巴巴旗下的"耕地宝",如图3-14所示。"耕地宝"是将消费者手中的钱聚集到一起进行投资,投资者不仅可以获得私人农场一年四季的无公害果蔬,还可以免费去当地观光。

图3-14   "耕地宝"二维码广告

4. 公益众筹

公益众筹,顾名思义就是一种与农产品相关的公益众筹活动,对于农业发展来说,公益众筹是其"希望工程"。目前,我国的农业公益众筹主要用于西北沙治和农村建设,以此实现社会资源的更优、更有效配置,推进我国的精准扶贫工程。

除了以上众筹模式,农产品领域还存在股权众筹,新农人可以根据自己的需求选择合适的众筹模式。

（四）会员制模式

会员制通常运用于百货商店、酒店、餐饮等行业,但实际上在农业上也可以运用这种运营模式。会员制的形式和土地认领、众筹相似。但是在服务内容上,会员制与其他两种方式存在很大的区别。因此，要在适合的情况下运用会员制才可以发挥其优势。

会员制相较于认领土地模式和众筹模式，适用范围相对较小，农场经营者可以使用这种模式，会员制的优势在于其独享、专属与定制的特性。例如，一个农庄采用会员制，每位会员的会员费为4万元一年；会员除了每年可以享有4万元的农产品之外，还可以免费到农场参观体验，而普通消费者则没有这种权利。大多数农产品会员制模式要求消费者订购一年的农产品，而商家每个月都给消费者速递农产品。例如蜂蜜，采用会员制模式，客户订购一年的蜂蜜，商家每个月给客户快递一瓶，一年12瓶，每个月都是不同的包装、不同的蜂蜜，这样就可以带给客户不一样的体验。

例如，彬彬农庄就采用了会员制模式，会员费每年达到上万元，一年纯收入就达到了几千万。彬彬农庄的所有人杨学彬说，好的农产品是有限的，因此服务的人也是有限的，而会员制模式可以有效解决这个问题。彬彬农庄的销售渠道有两个：一个是微博，另一个是微信。杨学彬每天通过微博和微信分享好的农产品，感兴趣的会员可以自行下单。他的微博虽然都是广告，但互动性很强，因为他的粉丝都是精准的、认可他的、喜欢看他广告的客户。

可以看出，不同的模式具有其各自的优势，发展农特微商应该充分结合自身情况选择最适合的模式，以此获得良好的运营效果。

二、农特微商营销策略升级

（一）推进农特微商与O2O的协同运作

近年来O2O发展迅猛，现在很多行业都实现了与O2O的协同运作，如果可以实现农特微商与O2O的协同运作，必然会产生1+1 > 2的协同作用。社群通过直接链接找到潜在的目标消费者，对于品牌来讲,可能是一个更安全、更长久的渠道。社群经济是以一定人群的用户为核心,为他们提供丰富多样的产品和服务。当你与核心用户群体的关系搞定后,就可以进一步扩充品类、服务来达到更大的用户规模。也就是说,过去的商业模式是围绕一个品类去找用户,而社群经济是围绕一群用户去做多品类产品。当社群形成稳定的规模和强黏性的关系后,可以通过整合线下实体店的方式,形成新的销售渠道。如果再与上游供应链展开深度整合,就有可能形成产业链通吃的"巨无霸"型企业。因此,很多创业者看好农特微商,认为这是社交电商的下一片新蓝海。

互联网有去中介化的特点,在这样的背景下,农特产品商家如果没有品牌供应链资源,则很难继续成长,也不可能形成大连锁渠道。因此,水果管家的创始者是这样描述O2O场景的:上游品牌商必定会对下游渠道进行整合。未来每个社区的水果店都会成为上游水果品牌商的自提点。而自提点又是产业闭环中最重的一环,所以未来社区水果店升级或者被整合是必定的。利用社群赢得用户,然后再通过落地去快速形成有壁垒的线下渠道。这样未来电商进可以自己做上游,退可以和上游品牌商进行整合,从而达到产业链通吃的目的。

站在需求角度来说,目前开展C2B或是高端农特产销售都需要一个前提,就是大城市居民较高的生活水平。开拓这样的城市市场,建立社群实际上是比较简单易行的,而真正耗费和体验实力的地方在于仓储、物流和地推环节,也就是土特微商的O2O部分,会让管理成本呈几何级数地上升。

对于B2C农产品电商来说,其本质在于卖流量,农特微商之所以通过微商的方式销售产品是为了迎合消费者需求,也就是让消费者对食品安全更放心,做农特产品可以产生高附加值。京东在最后一公里"京东到家"把社区店和京东APP线上线下融合,打通O2O;顺丰布局3 000多家嘿客更名为顺丰家,最后形成全渠道O2O模式,想占领社区终端。因此对于生鲜电商来说,新型O2O的布局很重要。土特微商是移动互联场景下的吃货驱动,品牌农业是基础,而物流、仓储、供应链、实体店则构成了O2O的部分,这几个加在一起才是未来社交电商时代土特微商的变革趋势。

实现农特微商与O2O的协同运作,可以让消费者有更好的消费体验,他们可以直接到土特产基地体验或者到末端门店购买产品;增强土特微商与社交电商之间的有机结合,可以增强用户的黏性。因此,理想的土特微商模式一定是融入了多种优秀商业模式的,多维度组合的产物。微商平台的思维真正融入生态的思维,从商人到渠道、平台,是一个多维度的生态体系——"社交电商 + 微电商 + 微店 + 品牌孵化 + 供应链运营 + 创业孵化和微商运营体系",最后基于数据和金融相结合的微商生态。从传统B2B商超到C2B+O2O的时代,这才是土特微商的未来,也是社交电商的下一个趋势所存。

(二)采取多单品策略

农特微商相较于化妆品、服装类微商比较小众,农特微商想要扩大经营,获得更多盈利必须选择适合自己的发展道理,其中一个有效的方法就是采取多单品策略。经营一个或几个单品既不会创造大规模的销量,也不利于形成竞争壁垒;而实施多单品策略,则会帮助农特微商从小打小闹走向真正规模化的运营之路。

1. 多单品策略的必然性

在农特微商刚刚兴起的时候,很多人都处于单个作战状态,帮朋友或者自己卖卖货,但随着农特微商的大热,人们不得不思考这种模式的成熟和完善。发展农特微商必须考虑多单品策略,主要有以下几个原因。

(1)用户规模受限

每个人的朋友圈都是有限的,所以农特微商通过朋友圈推广产品总是在相对狭隘的范围内,不像平台电商每天面对的是亿万用户。这样增加销售品类可以扩大销量，增加盈利。

（2）经营内容单一

农特微商的商品时农特产品，如果只经营自家特产却为没有形成规范化的生产基地，那么就会造成产量和销量受限的局面，也就无法实现扩大经营。如果多经营一些品类，就可以达到扩大经营的目的。一个用户一年的需求并不是只有一个或几个单品，有的可能需要几百个单品，这就需要农特微商多品类经营，以满足用户的更多需求，吸引到更多的用户。

（3）配送周期较长

农特微商很多采取 C2B 去库存模式经营，从用户下单到送达的配送周期不宜过长。因为很多土特产品本身都是一个强需求、高频率的消费品，周期过长的话会影响到用户体验，让用户感觉不如在身边的超市、农贸市场等地方购买便利。如果增加配送的品类，让用户的一次购买可以满足多种需求，就会抵消掉一些用户的不良体验。

（4）竞争优势难以维持

大多数农特微商在经营上了正轨后都会考虑扩大经营的问题，但是不可能永远处于一家独大的地位，无论你经营什么品类，都会涌现出无数虎视眈眈的竞争者。因此，农特微商经营的品类越多、形成的竞争壁垒越高，越可能在竞争中保持优势地位。

2. 多单品策略的实施

随着越来越多商家加入农特微商行列，这种模式得到广泛实践。不论是想从同质化竞争中获得胜利，还是想要进一步扩大经营规模，农特微商都需要逐步实现多单品策略，而实现多单品策略的关键是玩转多品类的供应链。当农特微商拥有了多种单品的优质供应源，就意味着会拥有更优质的产品，获得其他商家无可比拟的优势。但是，对于农特微商来说，经营一个单品容易，但要经营几十个、上百个单品，同时拥有这么多单品的优质供应链则很难。

（1）选择合适的爆款产品，实现以点带面

每家农特产品都希望通过微商的方式拓宽销售渠道，但并不是每一类产品都适合微商销售。做好农特微商首先要选对合适的产品，打造爆款。选择爆款单品，需要综合考虑到微商营销、品牌故事、物流、终端用户体验等细节问题，然后以该单品为核心，带动其他商品品类的销售。例如，本来生活网的褚橙、水果管家的暖橙和苦梨等单品。

（2）做好多品类商品的品牌定位

当前有很多农特微商的经营者都苦恼品牌定位的问题。对于农特产品的生产基地来说，他们可能生产的不止一种农特产品，大部分农特微商都会经营多品类的商品，这就为他们的品牌定位造成了一定苦难。这时可以采取单品农特品牌定位，或者"地标＋商品"相结合的品牌定位方式。

第一，打包组合品牌定位。对于关联性较强的单品，通过提升用户的关联性，将不同单品聚焦成一个系列。例如，新疆的吃货组合，将各类干果组合在一起。

第二，以地标性主品牌商品为中心建立关联。例如，阳澄湖大闸蟹、五常大米、宁夏枸杞等农产品都是具有鲜明地标性的农特产品。但是这些商品都是以单品形式呈现的，如果在主品牌基础上衍生出关联商品，就可以通过借助主品牌的品牌影响力带动其他品类的销售。例如，东北的五常大米，当地同时还出产玉米、黄豆等杂粮产品，消费者会因为对五常大米的好印象而购买其他的周边相关产品。

（3）开展多品类产品的组合销售

需要注意的是，一些农特产品的产地并不同，这就涉及组合销售的问题。在进行多品类产品的组合销售时，可以寻找产品之间的相通点，比如打健康牌，把山西小米加河南的铁棍山药组合出售；宁夏枸杞加新疆红枣，形成美容养颜系列组合等。对于一些小众特产，可以针对用户需求的特点，实现关联品牌组合捆绑销售，往往也可以取得事半功倍的效果。

农特微商从 2015 年开始迅速发展，它的爆发式发展改变了整个生鲜农特产领域的格局，很多商家都从中看到了商机，抓住市场机遇获得了收益。多单品经营策略会让略显小众的农特微商经营实现利益的最大化，更有助于农特微商的创业成功。

第四章 金融创新: 构建新型农村金融体系

改革开放以来,我国大力推动农村发展,农村金融就是其中一项重要内容,近年来,农村金融改革取得了一定成效,服务于"三农"的资金也不断增加。在乡村振兴战略的背景下,推动农村金融进一步发展和改革成为一项重要工作。

第一节 农村金融供给体系创新

一、构建新型农村金融供给体系

在较长一段时间,商业性金融显现出的一个主要特征就是高门槛性,导致农村地区越来越强的金融需求无法被充分满足,这就要求我们必须改变单一的商业性金融经营模式。

（一）合理定位商业性农村金融供给主体

对于我国当前的农村金融体系构建来说,功能异化是一个显著问题,正因为存在这个问题,导致我国的农村金融体系难以充分发挥其在支持"三农"发展方面的作用,同时还在一定程度上加剧了农村金融资金供给不足的问题恶化。虽然我国加大了对农村金融的建设,但是仍然有一大部分的农村存款并没有用于"三农"建设。因此,中国农村金融改革需要参照国有企业"体制外"改革思路,对农村金融发展实行新老划断,在现有以农村信用社为主导的供给体系外,加快培育多元化的新型农村金融供给主体,构建起以新型农村金融机构为主的多层次、多主体、综合化的新型农村金融供给中介体系。

1. 正确定位农村金融机构

目前,我国农户仍然没有超脱于经济理性,也没有被传统和文化所束缚,农村和农业经济发展面临的困境以及当前农村金融制度的无力,主要是源于传统农业生产、缓慢的资本积累和现代金融机制的某些非同步性。随着我国各个领域的不断发展,我国县域产业结构正发生着深刻变革,县域经济发挥越来越重要的作用,在国民经济中的地位不断提升。农村金融机构加快业务经营战略转型进一步强化为"三农"服务的市场定位和责任,充分利用在县域的资金、网络和专业等方面的优势,加大产品和服务创新力度,力争成为县域优质金融服务的提供者和新型金融产品的设计者和推广者,更好地为"三农"和县域经济服务。农村金融机构要做大做强县域业务,充分发挥县域商业金融的主渠道作用,围绕"三农"发展产业化、城镇化、工业化趋势,按照突出重点、分类指导的原则创新产品和服务方式,完善信贷政策和制度并强化基础管理,推进农业信贷业务健康快速发展。

2. 发展农村新型合作金融组织,增加农村金融多层次供给

近年来,我国大力发展农村经济,在此过程中显现出地域性、差异性和多层次性等显著特点,在这样的发展背景下,必然出现农村金融需求多样化的问题。不同地区以满足农村金融需求为己任的农村金融组织也就应该具有不同的功能。因此,发展农村微型金融、创新金融服务模式和产品类型已经成为当务之急。

加强农村金融体系建设和完善,充分发挥农村金融机构的作用,就要求我们进一步发挥农村微型金融机构在农村经济建设中的作用,要结合农村企业和农户分散、小型等特征,推进经济农村金融机构和体系的建设相适应,农村微型金融机构将在农村发挥重要的作用。发展农村微型金融、创新金融服务模式主要从以下几个方面入手。第一,开放农村金融市场,降低微型金融的进入

门槛与适度调整和放宽农村地区银行业金融机构准入政策,降低准入门槛与强化监管约束,加大政策支持以促进农村地区形成投资多元、类型多样、覆盖全面、治理灵活、服务高效的银行业金融服务体系,更好地改进和加强农村金融服务功能。第二,开放农村金融市场、营造完善的农村金融环境有利于遏制农村金融资金的大量外流,还有利于形成多种形式金融组织良性竞争的局面、有利于有效动员农民储蓄和民间资金、有利于有序地引导农村闲散资金流向农村生产领域,对民间信用的合法化和规范化有着非常重要的意义。银监会应该在2006年、2007年降低新型农村金融设立门槛并总结成功试点案例经验的基础上,允许其多渠道筹集资金,经营包括吸收存款在内的业务,并考虑放松其经营的区域限制,以实现跨县域经营,实行有差别的监管政策。

(二)规范农村民间金融,补充农村金融供给

加强农村金融供给体系的合理合法性是一个关键性问题,这就要求我们必须加强对农村民间金融组织体系的监管和立法,以此为农村民间借贷行为实现规范化、合法化提供支持。农村民间金融组织处于欠发育、不发达状态,农民从民间金融组织中借款的比重非常低,这种状况与民间金融秩序较为混乱有关。要充分肯定农村民间金融的作用,确立农村民间金融的合法地位。尽管目前民间金融组织在广大的农村地区还不普及,但是伴随着农业经济的发展和农村民间金融从业门槛的降低,农村民间金融组织必然会逐步发展和繁荣起来。建设农村民间金融组织,要充分发挥其利率市场化的优势和加强监管力度,强化民间金融组织依法办事、诚信经营、树立风险意识,逐步建立关于民间金融监测系统。

二、培育和创新农村金融市场体系

（一）完善金融资源向农村转移的市场机制

中国邮政储蓄银行于 2007 年 3 月正式成立，其是我国农村金融服务体系的重要组成部分。中国邮政储蓄银行拥有超过 3.6 万个的营业网点，并且其中很大一部分营业网点分布在县及县以下的农村地区，特别是在一些边远农村地区，邮政储蓄已成为当地唯一的金融服务机构，发挥了重要的拾遗补缺作用。由于受到金融管理体制和银行经营管理体制的制约，邮储资金未能足额有效地返回农村使用和支持"三农"发展。对于中国农业银行和中国邮政储蓄银行，政府应通过主导的金融政策和制度创新以及金融机构自身的业务创新进一步加强其在支农领域的商业化改革，坚持以效益为导向自主寻求在农村的职能定位而不能以牺牲发展的可持续性依靠行政力量强制开展涉农业务；中国农业银行和中国邮政储蓄银行在农村重点服务领域应按照比较优势原则向农村地区的规模企业、基础设施和现代农业产业集群集中。就我国当前农村金融发展现状来说，中国邮政储蓄银行存款余额主要来自于农村地区，但是通过邮政储蓄渠道返乡的资金并不多，在邮政储蓄自主运用资金中所占比例并不高，也就是在这方面明显出现了不合理的情况。在面向农村地区居民开展零售和中间业务方面，邮储银行则拥有覆盖城乡的网络优势和庞大丰富的客户信息优势，也可以充分发挥其网络分销功能去代理商业银行和其他金融机构的相关业务；可以通过不断的业务创新和差异化商业服务模式覆盖农村各层次的金融服务需求。

近年来，我国农村利率市场化不断推进，农村的利率定价获得更大的自主权，存款利率不断提升，存贷利差也将随之有所缩小。农村金融机构要适应利率市场化进程，完善利率覆盖风险机制有助于引导金融供给主体的资金回流农村。利率市场化一方面能够提高农村资金资源的配置和使用效率,切实增强农村金融机构提供农村金融服务的融资能力;另一方面还可加快农村金融机构产品、管理和技术创新、提高运营效率,推进农村金融市场的发展。此外,灵活的利率政策能有效动员农村地区的金融资源,显著提高农村金融机构筹资能力、调动农村居民进行货币积累的积极性、提高农民贷款的可获得性。利率市场化是"双刃剑",利率市场化背景下需要农村金融机构对信贷预期风险进行合理定价,要综合判断金融机构的经营业绩和关注由于信息不对称所导致的道德风险问题。农村金融机构必须进一步加快业务转型升级步伐以规避利率风险、实现资产与负债的合理匹配,不断丰富业务品种。我国农村金融改革应该遵循以农村金融主体的需求为导向来确立我国农村金融市场的功能,对于经济发达程度较低的农村地区来说,通常需要在一定程度上降低金融准入门槛,将增加农村金融产品和金融服务的数量作为其工作重点。

(二)加强对农村资本市场与保险市场的支持和培育

根据我国当前农村金融的发展来看,有必要加强多元化农村金融发展机制的构建,这就要求我们必须采取恰当的措施扶持和培育农村的资本市场和保险市场。选择性地支持农业上市公司、帮助涉农企业拓宽自己的融资途径可以减少对农业银行和农信社的信贷依赖。通过在多层次资本市场的直接融资,既可以实现涉农企业经营规模的扩大,又可以促进涉农企业的技术创新与长期投资。从国际经验来看,农村保险市场能否成功主要取决于政府的财政支持力度和支持方式。由于二元经济的长期积累,我国农民的购买力和投保能力相对有限,还难以覆盖商业性保险公司在农村市场的成本,这就不仅要求政府提高农民投保费用的补贴比例,还要通过税收优惠、商业费用补贴手段引导和帮助保险公司在农村地区开展业务。通过政府的财政支持和政策扶植实现涉农保险机构与银行部门业务的有效对接,充分发挥协同效应促进农村经济的发展。

（三）进一步完善农村金融市场的基础设施

促进农村金融健康发展，一个重要前提是为其构建良好的政策环境，而加强基础设施建设就是其中一个重要组成部分。农村金融基础设施既包括直接与金融交易相关联的法律规则、信息系统、制度体系和监管体系，也包括影响金融交易成本和便利性的通信网络和交通系统等。从大多数发展中国家的现状来看，农村金融基础设施不仅总体上是落后的，而且远远滞后于城市金融基础设施的发展速度。农村金融基础设施落后的表现：金融法律和金融规则的缺失增加了借贷等合同制定和执行成本、降低了借贷合同制定和执行效率；土地等综合产权不明晰、不完整导致借贷抵押担保品的流转难题普遍存在；农村金融监管不仅在监督和促进既有金融机构方面是无力的，而且明显滞后于各种新型金融机构的发展速度；此外，农村发展问题和政治因素之间始终存在紧密联系，农村市场信用的发展也存在重重困难，这就导致我国农村贷款仍然存在较为严重的信用问题，在偿还方面必须进一步完善。

第二节　构建新型农村金融机构

一、新型农村金融机构的产生背景

（一）新型农村金融机构产生的政策支持

近年来，我国大力推进农村建设，针对这项工作在农村金融市场方面做出了重大调整和拓展，为农村金融活动提供更广阔的渠道，同时对这几类新型机构分别做出了关于机构性质、市场定位、业务范围、存贷利率、内部管理等非常具体的规定。

（二）新型农村金融机构产生的现实基础

随着中华人民共和国成立，改革开放不断推进，我国农村金融建设获得了巨大发展和进步，但是不得不承认，我国农村金融发展的道路是漫长而曲折的。在农村金融的发展中我们经历过多次改革，我国农村金融市场朝着越来越开放的方向明确地前进，但是就目前而言，仍存在着诸多的问题和隐患。

在农村金融建设的诸多困难和问题中，银行机构在农村的"大撤退"现象是最令人担忧的问题之一。在我国广大的农村地区，银行的覆盖率本就严重不足，而由于种种原因，从 1999 年开始，四大国有商业银行纷纷大量裁撤农村的办公网点，甚至撤销了许多县一级分支机构或者其放款权，农村金融基本上与银行业务脱钩。导致的严重后果是本就"贫血"的农村金融体系更加枯竭，农村经济的发展更加举步维艰，这种状况与中央号召的新农村建设明显背道而驰。

1. 农村信贷市场供需不平衡

改革开放以后，我国农村生产力大幅提高，经济也有了质的飞跃，各类的经济活动都需要信贷资金的支持。据国家在 2010 年的调研数据显示，到 2020 年，新农村建设需要的新增资金规模为 15 万亿元至 20 万亿元，可以说，我国农村对资金的需求量是巨大的。然而，各家商业银行不断地撤销在农村的营业网点，缩减对农村经济活动的放款规模，只吸储，不贷款，这种对农村经济的"抽血"使得我国的新农村建设面临着资金供需严重不平衡，经济发展缺乏活力的被动局面。

2. 农村金融受到严重抑制

许多专家学者通过研究都提出，在我国的农村金融活动中，政府的干预性太强，严重影响了农村金融自身的配置功能和运行效率，使得我国农村金融的发展不够活跃，二元性突出，农村经济也就难以繁荣。

二、新型农村金融机构的作用

(一)促进了农村金融市场竞争

随着新型农村金融机构的产生和发展,原有的农村金融机构经受了巨大冲击,在越来越激烈的竞争环境中,原有的农村机构不得不对其产品和服务进行完善和升级,主动进行业务创新和手续精简,对农民和中小企业的金融需求有了更大力度的支持。在这样的发展背景下,绝大部分客户认为村镇银行比其他银行服务更方便、更快捷,其中超过半数的客户的眼里村镇银行具有很高的服务效率。

随着新型农村金融机构的出现,现有的市场垄断被打破,如果原有农村金融机构不提高服务服务、改良产品,那么就会在激烈的市场竞争中失去立足之地,也就是说,不能提供优质服务的机构将被淘汰出局。

(二)增加了农村资金供给

村镇银行的一个重要功能是将自然人和企业法人的资金集中在一起,利用这部分资金支持农村信贷,而通常村镇银行会通过传统的吸收存款方式进行资金集中。贷款公司则以自己的名义从商业银行批发处贷款,然后再通过零售的方式提供给农户和农村中小企业,一定程度上将城市的部分过剩流动性引导到更需要资金的农村。农村资金互助社以当地农民及中小企业自愿互助的形式结成一个个小的资金联盟,将农村的资金有效地截留在内部,服务于农民自己的贷款需求。

(三)方便了农村金融活动的开展

商业银行等大型金融机构由于各种限制无法完全覆盖农村

区域,而这就为新型农村机构的设立提供了条件,它们通常会选择大型金融机构营业网点覆盖率较低的地域发展,这就使大型金童机构和新型农村金融机构相互补充,大大提高了农村地区金融机构的覆盖率,基本扭转了前期严重的"零银行机构乡镇"大量存在的局面,很大程度上便捷了农村居民和中小企业贷款的便利性。

三、新型农村金融机构面临的问题

（一）准入门槛低,抗风险能力差

银监会于 2007 年 10 月,决定扩大调整放宽农村地区银行业金融机构准入政策,将试点省份从 6 个省（区）扩大到全部 31 个省市区。由于准入门槛较低,导致新型农村金融机构的抗风险能力相较于大型金融机构较为薄弱。

（二）缺乏健全的法律体系

随着我国不断加强金融建设,金融领域的法律法规也不断完善,但是在农村金融方面的法律还有所欠缺。目前,我国对新型农村金融机构还处于探索阶段,没有形成一套完整的法律框架来界定其法律地位,而完善的法律保障是农村金融机构健康良好发展的前提。

（三）资金来源不足且单一

推动新型农村金融机构的建设和发展,一个重要基础就是拥有充足资金,而当前我国在该方面存在资金来源不足的问题,这要求我们必须及时寻找正确有效的解决途径。无论是村镇银行、小额贷款公司还是农村资金互助社,资金来源都是开拓贷款业务的基础。然而由于规模小、网点单一等因素,新型金融机构规模

无法扩大,持续性得不到保障。加之市场需求旺盛,而新型农村金融机构存在无钱可贷的现象更加明显。主要原因:一是受限于"农村资金互助社不得向非社员吸收存款"的制度安排。对于贷款公司,"只贷不存"造成了资金约束严重。二是居民普遍认为新型农村金融机构的规模小且又是新鲜事物,信誉度不如"国"字号的银行放心,受传统观念的影响,广大居民对这些小型的新型金融机构感到陌生,认同感不高。许多居民表示不清楚这些新型金融机构的性质,不敢在这些银行存款;一些居民认为很多外国大银行都在金融危机和国内形势的影响下相继倒闭,质疑新型农村金融机构的可靠性,无法给予其充分信任。

四、新型农村金融机构提升效率的途径

(一)改善新型农村金融机构生态环境

为新型农村金融机构提供良好的生态环境具有重要意义,而想要实现这点就少不了政府的支持,政府必须投入充足的人力、物力和财力,来更好地建设健全新型农村金融机构服务体系,要形成多方合力,共同营造一个良好的金融生态环境。

(二)开展全方位的监管

加强农村金融建设的一项重要工作就是对新型农村金融机构进行全方位的监管,金融监管部门应引导新型农村金融机构建立起完善的法人治理结构和银行组织体系,建立健全内控制度和风险管理机制,帮助新型农村金融机构提高风险防范能力。

1.建立健全信息披露制度

应该加强新型农村金融机构的信息披露,建立健全相应的制度。例如,可以选择公布一些主要的经济信息,如主要的客户名单、经营指标等,可以由监管机构定期对新型农村金融机构进行

评价,然后对外公布评价结果,从而给公众提供准确的信息。

2. 建立健全准入制度

对于新型农村金融机构董事和高级管理人员的任职要进行严格的审查。为了让公众放心地对申请者的资信、品行进行评议,还应该开办相应的新型农村金融机构举报制度。

3. 建立健全运营监管制度

由于新型农村金融机构的经营具有高风险性,抵抗风险的能力也相对薄弱,因此谨慎的运营机制是非常必要的。

（三）完善服务配套政策

我们需要以农村金融机构服务需求的特点为基础,建立健全合作性金融、政策性金融和商业性金融"三位一体"的金融支农服务体系,从而更充分地满足金融服务需求,提供全方位、多层面、产业化、多元化的金融服务。

推动农村金融发展,必须加强农业信贷建设,这就要求我们必须建立健全农村信贷制度,以此为新型农村金融机构服务带来更广阔的空间。加快新型农村金融机构信贷主要可以从以下几个方面来进行。第一,不断提高支农再贷款使用效率。支农再贷款对新型农村金融机构增强支农资金实力、引导农村信贷资金投向、扩大农户贷款、缓解农民贷款难问题都发挥了重要的作用。第二,扩大新型农村金融机构贷款利率浮动幅度区间。贷款利率浮动幅度的扩大,有利于新型农村金融机构根据借款人的风险和效益状况等因素区别定价,进一步加大对"三农"的信贷支持力度。第三,进一步完善扶贫贴息贷款的运作模式。结合国际上扶贫帮困的经验,在总结经验的基础上新增试点地,这无疑可以为提高农业贷款效率起到促进的作用。

（四）拓宽资金来源渠道

首先,新型农村金融机构应该充分利用各种媒体渠道进行自我介绍和宣传,保证社会公众对其有一个基本认识,了解其基本情况和相关业务,在此基础上,鼓励群众和中小企业将闲置资金存到新型农村金融机构。其次,可以在各地设立合理的分支,把新型农村金融机构的涵盖范围扩大,更有利地吸收资金。最后,新型农村金融机构可以通过其他途径增加融资渠道。

(五)提高科技投入,推动新型农村金融机构的创新

创新是推动新型农村金融机构持续发展的重要力量,因此新型农村金融机构应该加大在创新方面的投入,积极挖掘现有设备的潜力,尽可能提高其使用效率,并积极与国有大中型金融机构进行交流合作,拓展服务的范围和内涵。

第三节 创新农村金融产品和服务

一、农村金融产品创新

(一)农村金融产品创新的必要性

改革开放以来,我国农村金融不断发展,从整体上来说这个发展过程主要经过了四个重要时期,即恢复期、调整期、发展期和深化期,在经历了农村金融的不断发展和变革后,我国农村金融机构的发展取得了巨大的进步。农村金融改革积累了很多有益经验,但也存在很多不足之处,其中农村金融产品缺位、不丰富就严重牵绊了农村金融改革的步伐。目前,农村金融产品主要集中在储蓄存款业务、贷款业务和汇款业务,产品少,服务方式单一,金融服务的效率和质量已经不能够适应农村经济现代化的要求和农民多元化的金融服务要求。针对这一状况,农村金融机构应该加大金融产品的创新力度,丰富农村金融产品。农村金融产品

创新的必要性可以归纳为以下三点。

1. 提高农村金融市场有效性的需要

首先，随着我国金融市场的不断发展和创新，金融产品也为了适应人们不断丰富的需求而创新和发展，在这样的背景下，会有大量参与者受到吸引进入市场，交易量不断扩大，竞争加剧，这样金融市场就日趋成熟，市场的有效性不断增加，从而降低了金融市场的交易成本。其次，大量新型金融工具的出现，使金融市场所能提供的金融商品种类繁多，投资者选择性增大。面对各具特色的众多金融商品，各类投资者很容易实现他们自己满意的效率组合。同时，金融产品创新通过提供大量的新型金融工具的融资方式、交易技术，增强了剔除个别风险的能力。投资者不仅能进行多元化的资产组合，还能够及时调整其组合，通过分散或转移的方法，把个别风险降到较小程度。

2. 培植新的利润增长点，防范化解金融风险的需要

首先，随着农村金融产品的不断创新，会出现大量新技术、新服务、新工具、新交易，极大地提升了金融机构积聚资金的能力，更充分地发挥出农村金融机构的信用创造功能，使金融机构拥有的资金流量的资产存量急速增长，提高了金融机构经营活动的规模报酬，降低成本，金融机构的盈利能力增强。其次，金融机构可以通过向不同偏好的客户提供不同风险程度的金融产品，将本身所承担的风险降到最低限度，有效地转移风险，同时大量可供选择的金融工具使得金融机构可以根据自己的需要进行资产负债管理和风险管理，为规避风险提供了可能。

3. 传统农业向现代农业转化的迫切需要

随着我国经济社会发展，产业机构调整，我国农村经济发展呈现出多元化发展格局，与之相应的农村金融发展必然做出相应调整和改变。种植业特色化、养殖业规模化、农产品加工深度化也受此变化的影响，农户、涉农企业的资金需求呈现出主体多样化、用途多样化、数额增大、投资周期变长等特点。同时，普通农村居民的消费性需求和教育需求不断增加，部分已经富裕的农户的理财要求日益突出。因此，客观经济条件的发展要求农村金融机构从服务"三农"的角度出发进行业务创新。在信贷与理财产品方面从品种、利率、期限等多方面予以创新，以适应新时代的变化，为农村经济的多样化、多层次性提供专业化、差别化、多元化的金融服务。

（二）农村金融产品创新的路径

1. 完善农村信用体系，创新良好的信用环境

推动农村金融产品创新的一个基础条件是为其提供良好的农村信用环境，只有为农村金融发展提供安全的信用环境，才能使金融产品的创新成为可能。信用体系越健全，金融机构产品开发的约束条件就越少，开发的领域越广，贷款主体应用也会更多、更灵活。因此，要以农村信用体系建设为切入点，创建良好的农村信用环境，使信贷双方建立互信机制，形成相互促进、共同发展的良性循环，吸引更多信贷资金投向农村。

2. 完善配套政策支持，健全农村金融服务体系

（1）完善配套政策支持

我们应该为农村金融产品创新构建良好的金融创新环境，发挥财政性资金的杠杆作用，由财政出资设立专项资金作为创新试点机构一定比例的风险补偿、费用补贴和增量奖励，对农村金融创新支农力度大的机构执行较低的营业税和所得税率。同时，完善农村金融法规制度，加快金融机构支农责任的立法工作，依靠法律强制力切实保障契约履行和金融市场有序运行。

（2）健全农村金融服务体系

为了促进农村金融产品创新，应该引入竞争机制，构建健康良好的竞争环境，形成服务"三农"的创新合力。建立以农村信用社等合作金融为基础，政策性金融与商业性金融业务适度交

叉,农村村镇银行、贷款公司、农村资金互助社、小额贷款公司等四类新型机构为补充的多层次、广覆盖、可持续的农村金融服务体系,培育竞争性的金融市场,拓宽农村经济融资渠道。同时,深化农村金融体制的市场化改革,加快构建多种所有制和多种经营形式、结构合理、功能完善、高效安全的现代金融体系,加快提高银行业、证券业、保险业竞争力,促进农村金融业持续、健康、安全发展。

3. 掌握客户需求,完善农村金融市场产品线

随着市场发展,客户的需求提议多元化、个性化,为了更好地满足客户需要,农村金融机构必须掌握不断变化的客户需要,提供多样化的金融产品。实现差异化竞争农村金融机构,首先需要确定目标客户群体,了解他们的需求,再根据客户不同的需求创新金融产品。这要求金融机构必须具备敏锐的观察力,对市场反馈回来的信息,经过适当筛选、取舍,确定新产品的特性,及时掌握客户金融需求,完善农村金融市场产品线,提供多样化、多层次的金融产品。

4. 以农村金融市场为基础发展中间业务

中间业务相较于传统的资产、负债业务具有一定的优势,因为其不需要占用金融机构的资产,也不会产生负债,可带来较为稳定的收入,具有较强的服务性。它不仅能够提供多样化的金融服务,适应社会经济生活和经济发展的要求,而且能通过中间业务起到服务客户、稳定客户、促进银行传统资产负债业务发展的作用,更重要的是它成本低、风险小、收益高,能够为金融机构带来巨额的利润,有极其旺盛的生命力和巨大的发展空间,为此农村金融机构应该积极在中间业务的产品上进行创新,寻找新的利润点。

5. 建立创新制度体系,营造良好的制度环境

健全合理的制度体系是金融产品创新的基础,只有保证金融

产品创新具有良好的制度环境,才能保证其可以获得实质性的进展。

第一,要明确落实责任,开展全方位的产品创新活动。金融机构的有关部门应该结合本专业特点,制定本专业的产品创新计划。例如,个人金融部门主要负责储蓄种类的研制,不断开发出适应不同储户需要的新储种;信贷部门则应根据市场变化和客户情况,创新贷款方式等。

第二,要建立激励机制,广泛开展征集合理化建议活动。工作在一线的员工,最了解顾客需要什么样的服务。因此,对其提出的合理化建议、有重要参考价值的提议,应给予适当奖励;对提出可行的产品创新方案,应给予重奖。另外,上级社或上级行可以适当放宽基层信贷产品与服务创新权限,但要做到鼓励创新的同时预防创新过度。

第三,金融机构要建立包括信贷管理、风险管理、产品营销和监管服务在内的一整套制度体系,将风险控制在可承受的范围之内。监管部门应结合农村金融服务对象的特殊性,研究制定既符合加强监管、防范风险的要求,又适应农村经济发展不同层面服务对象的金融需求的监管标准和要求。

6. 加强人才培养,构建人才队伍

在知识经济时代,人才是社会发展的核心动力,在金融领域同样如此,人才是金融产品创新的关键和基础保障。农村金融机构必须加强对现有金融从业人员的职业培训和职业道德教育,增强其现代金融意识和业务素质,还要创新用人机制,吸引、开发和留住人才,配备一些知识化、年轻化、多技能、懂业务、善管理的复合型人才。可以面向社会选拔人才,招录一些金融专业高层次人才和计算机专业的优秀人员;而现有人员,应该加大培训,选拔一批文化基础较好的人员到大专院校学习深造;还要善于发现人才,使用人才,把懂经营会管理、具有开拓创新精神的人员推向领导岗位;对于紧缺人才,金融机构应该适当地实行收入倾斜政策,以此加强对相关人才的吸引力,如对具有高学历的计算机、投资理财等专业的创新性紧缺人才实行年终一次嘉奖,在住房等问题上优先予以解决等措施,稳定现有人才队伍,吸引更多高素质人才加盟农村金融事业;此外,还应该建立适应农村金融行业的分配机制,按照工作人员的职责、绩效确定新薪酬,将绩效考核作为确定个人薪酬高低的核心因素,充分调动员工的积极性,另外对有产品创新建议和方案的人员进行额外的奖励,使员工有能力、有动力为金融产品创新服务。

二、农村金融服务创新

我国农村金融面临着体系不健全、产品不丰富、基础设施缺乏等诸多问题。为更好地服务于"三农",应该从政策、金融工具、服务等方面加强创新,以满足"三农"对金融的需求。

(一)农村金融服务创新的必要性

1. 有利于促进农村金融体制改革

为了更好地促进农村经济发展,我国调整放宽农村地区银行业金融机构准入政策,中国农业银行回归农村、政策性银行商业化运作、中国邮政储蓄银行定位农村,乡镇银行、专业贷款组织、信用合作组织、小额信贷组织等金融机构在农村市场相继建立。这些机构要想在农村金融市场竞争中立于不败之地,必须要有良好的金融服务做保障。

2. 有利于促进农村经济的发展

随着改革开放不断推进,农村改革的步伐也不断迈进,农村发展改变了原有的农村经济格局,农业生产组织化程度越来越高,农户基于发展需要对农村、农业发展提出了更多要求,扩大农业生产经营已经不再是农户的唯一需求,随着社会现代化建设,农村产生了消费性需求、教育需求等,并且这些需求还在不断增加和增强。从客观层面来说,农村经济发展具有多层次、多类型、多领域的特征,这就要求我们在培育和发展农村金融机构时必须加强服务手段、服务功能的创新,以此为农村发展提供更全面的金融服务,为农村经济发展搭建良好的农村金融环境。

3. 有利于推进新型城镇化建设

随着城镇化建设的不断推进,农村居民对金融服务的需求越来越多,不论是生产还是生活都与金融服务有着千丝万缕的关系。从农业生产的角度来说,农户需要充足的资金购买生产资料以实现扩大生产、投资半场等目的,从日常生活的角度来说,农民需要充足的资金购买耐用消费品、盖房等。近年来,我国大力推进农村建设,推进精准扶贫,调整和升级农业产业结构,同时大力推进小城镇加速建设,在这样的背景下,农村房地产、医疗卫生、文化娱乐等产业也得到了迅猛发展,而从实践来看,这些建设工作都少不了农村金融的支持和服务。可以看出,随着农村不断发展,农村金融已经与农户的生产经营、日常生活建立了密切关系,同时,农村金融也是我国推进农村建设、实现乡村振兴的基础。

(二)农村金融服务存在的问题

1. 投资渠道单一

当前,我国农村金融机构已经得到了较大发展,但从整体上来看仍然比较保守,投资渠道相对单一,这就导致虽然设立了农村金融机构,但无法充分发挥农村金融机构的作用,同时还在一定程度上影响了农村经济的发展。

2. 融资渠道单一

我国农村发展相较于城市发展比较滞后,这同样也体现在农村金融发展方面,由于发展条件受限,农村金融机构的融资渠道相对单一,这对于农村金融的进一步发展造成了严重不良影响。发展农村金融产业,一个重要的问题就是有效地扩展农村金融机构的投资渠道。长期以来,我国经济存在发展不均衡的情况,其中城乡经济发展不均衡是一项具体表现,在这样的背景下,大量资金和项目都集聚在城市地区,而这又进一步加大了城乡发展不均衡的程度,为了缩小城乡差距,促进农村发展,必须引导资金和项目流向农村。当前,农村经济不断发展,农村居民对物质生活的要求也不断提高,这就为我国农村金融发展提供了条件,但农村金融机构缺少资金,这就需要扩展融资渠道以更顺畅地获得发展所需资金。就我国当前的农村金融机构资金来源来说,吸收存款、贷款利息、办理中间业务手续费等是其获得资金的主要渠道,虽然也有一些农村信用社成员投资,但这不足以满足农村金融机构发展产生的越来越多的融资需要。

3. 服务网点不足

近年来,我国加大了对农村金融的扶持,促使农村金融得到了较快发展,大力培育和发展村镇银行、小额贷款公司等新型农村金融机构。但我国农村金融网点分布不均匀,甚至一些与"三农"直接联系的乡镇一级都没有设立相应的金融网点,同时,新型金融机构虽然得到了一定发展但仍处于试点和探索阶段,从整体市场来说这些金融机构并不能形成较强的竞争,也就无法通过竞争推动创新和进一步发展。

4. 服务效率低下

虽然我国农村金融机构在建设方面近年来有了一定发展,产品和服务的种类越来越多,质量也在稳步提升,但仍然存在服务效率低下的问题。就我国农村金融机构服务的现状来看,从业人员的专业能力、职业素养、服务态度、工作效率等均存在不足,同时,农村金融机构的服务项目也较少,无法满足越来越丰富的农村金融需求。农村金融机构的服务水平与其发展存在直接联系,同时服务水平会影响客户及投资者的信心,较低的服务水平会延缓农村金融机构的发展。随着市场经济发展,各行各业都面临着激烈的市场竞争,先要提高自身竞争力,不仅要提升技术水平,提升服务水平也是一个重要方面。很大一部分农村金融机构的员工知识水平较低，缺乏专业知识，并且员工年龄普遍偏大在一定程度上影响了工作效率，同时员工素质不高，对待客户的服务态度欠佳，鉴于此，农村金融机构想要实现进一步发展就必须重视人才的选拔和培养，建立健全人才选拔机制，开展定期和非定期的业务培训，制定科学合理的绩效考核方法。

（三）农村金融服务创新的途径

1.改善农村信用环境

在市场经济中，金融既是资金又是信用媒介，实现农村金融的良性发展，对金融风险进行有效管控，一个重要前提就是构建良好的农村信用环境，这是降低农村金融交易成本的重要内容，同时也是开展农村金融服务创新的基础环境。因此，改善农村金融生态环境建设势在必行。

2.加强对农村金融服务创新的政策支持

虽然我国农村金融机构已经将服务创新作为一项重要工作，但从当前的发展实际来看，这种探索仍处于起步阶段，这就要求政府为其提供良好的政策支持，也就是说政府应该采取相应的财政政策、货币政策支持和适当的监管政策配合，以此使农村金融服务创新可以有一个良好的外部环境。

3.明确创新为"三农"服务的理念

农村金融机构想要实现发展、获取利润，就必须为客户提供他们需要的特定金融服务，因此，农村金融机构首先要做的就是转变传统服务理念，真正树立客户至上、因客而变、真诚服务的理念，尽可能高质量地提供满足客户金融需求的服务，只有这样才能赢得客户。

（1）以客户为中心创新服务

在新的市场环境下，转变金融服务理念尤为关键，农村金融机构必须树立"以客户为中心，以市场为导向"的创新服务理念，变被动服务为主动服务，主动贴近市场、走近客户，认真调查分析客户，特别是农村客户对金融服务的需求、意见，不断改进服务，创新金融产品，不断提升金融服务质量，就能提高优质客户忠诚度，增加竞争力。

（2）重视服务质量管理

农村信用社服务一直都以农民作为其主要服务对象，对金融服务水平普遍要求不高，但是随着近年来农村发展，农民进城数量不断增加，农村金融机构也逐渐向城市化靠拢，这就要求农村金融机构必须将提高服务质量，加强服务质量管理作为一项不得不重视的工作。

（3）加强县域差别化服务

不同地区的经济发展情况不同，县域金融市场需求、客户层次等方面均存在一定差异，因此农村金融服务创新必须将市场细分作为一项重要工作，以此为基础为不同地区的客户提供差别化金融服务，以更好地满足客户需要。

第五章　市场创新：促进乡村旅游发展

在工业化、城市化的迅猛发展过程中，乡村环境和乡村文化遭到严重破坏，民众开始反思乡村的意义和作用，并开始保护乡村。从19世纪中期开始，发达国家通过一系列法令，力求恢复乡村原貌。从工业革命开始，历经200多年的历史积淀，如今人们对乡村旅游的理解不仅局限于简单的"田园风光"，而是具有了更多的精神内涵。

当前，我国正处于工业化、城市化进程中。一方面，人心浮躁，对于精神家园的向往越发强烈；另一方面，农村、农民、农业面临着转型与调整。在解决"三农"问题方面，乡村旅游既是解决"三农"问题的重要对策，又是城乡统筹、协调发展的重要途径，因而对于乡村旅游的研究是一个不断更新的课题。

第一节　休闲农业市场的创新与开发

随着国家乡村振兴战略的分步实施，建设宜居宜业的美丽村庄，发挥多重功能，成为当前乡村发展的中心任务。休闲农业作为乡村振兴的四大产业之一，是现代农业除生产服务功能以外的多功能生态产品的体现形态，其实质是在农副产品生产、培育及价值转化过程中，挖掘、开辟及创造各类农业生态产品的生态服务价值和休憩娱乐价值，并在农村一、二、三产业融合发展过程中传承农耕文化价值。发展休闲农业既是农业产业升级换代的客观要求，又是乡村振兴战略实践的必然选择。

一、休闲农业的概念

休闲农业并不是一个通用术语,在不同国家与地区,存在诸多相近的表述,如"观光农业""旅游农业""体验农业""乡村休闲"等。据研究,中文"休闲农业"一词在公开场合最早使用是在1989年我国台湾大学举办的"发展休闲农业研讨会"上。1992年,我国台湾地区公布实施《休闲农业区设置管理办法》,休闲农业开始正式成为"官方"用词。我国台湾地区"农业委员会"将休闲农业定义为:指利用田园景观、自然生态及环境资源,结合农林牧渔生产、农业经营活动、农村文化及农家生活,提供人们休闲,增进人们对农业及农村的体验为目的的农业经营。以此为源头,内地学者开始介入"休闲农业"的界定。2002年,《全国农业旅游示范地、工业旅游示范点检查标准(试行)》发布,其中对农业旅游点进行了界定:指以农业生产过程、农村风貌、农民劳动生活场景为主要旅游吸引物的旅游点。2013年,农业部印发《全国休闲农业发展"十二五"规划》,从官方层面对"休闲农业"进行了表述。文件指出:休闲农业是贯穿农村一、二、三产业,融合生产、生活和生态功能,紧密连接农业、农产品加工业、服务业的新型农业产业形态和新型消费业态。至此,我国休闲农业的内涵得以确定。

二、休闲农业的界定

以《全国休闲农业发展"十二五"规划》中休闲农业的界定为基础,参考国内外业界专家的讨论,休闲农业可以从以下四个方面进行界定。

(一)休闲农业的本质是一种新型农业产业形态

休闲农业既不同于传统的农业生产经营形态,也不同于休闲产业单纯的娱乐服务属性，它是以农业自然生态为核心，将种养殖、林业、牧业、渔业等产业资源与旅游休闲功能进行整合后形成的新型农业产业形态。但休闲农业具有较为明显的季节性与地域性，需要根据农业生产的季节性与地域性特征设计休闲产品，同时也需要通过差异化产品组合，淡化季节性影响。

（二）休闲农业以"三农"为发展基础

休闲农业的发展需要充分考虑农业、农村、农民问题，不能脱离"三农"基础。在农业方面，通过休闲功能的植入，休闲农业的发展可拉长农业产业链，提升农产品的附加价值，实现一、二、三产业的融合；在农民方面，休闲农业的发展可充分吸收农村剩余劳动力，在加工业、服务业等方面增加农民就业，同时还可拉动农民创新创业；在农村方面，休闲农业以产业发展带动区域经济发展，同时通过传统文化的传承、基础设施与公共服务设施的完善、城市文化的碰撞，提升社会文明水平。

（三）休闲农业以"三产融合"构建产业形态

休闲农业是一种"泛农业"概念，是传统农业与加工制作、旅游休闲、康体运动，以及科学技术、物联网、互联网等各类产业融合形成的产业形态。因此，休闲农业是以"农"为基础，以休闲化为导向，通过农业与二、三产业的深度融合，打造丰富的产品类型与活动体验，最终形成一、二、三产业互促发展的创新产业形态。

（四）休闲农业融合生产、生活、生态功能

休闲农业集生产、生活、生态功能于一体，为消费者提供生产体验、农产品购买、生活方式体验、生态环境共享等服务，其目的是通过休闲化打造，充分挖掘乡村的生态优势与文化优势，盘活农村闲置资源，以推动农业增效、农民增收、农村增绿。

三、休闲农业市场的开发模式

依托不同的资源基础与开发手段，休闲农业有多种开发模式。从实际现状看，艺术观光、休闲聚集、智慧科普、田园养生是休闲农业目前主流的四种开发模式。这里将针对目前休闲农业开发中的问题，围绕这四种开发模式的内容、产品类型开发要点等进行讨论。

（一）艺术观光型开发

艺术观光型休闲农业是指通过艺术手法的介入，使乡村原有的良田、粮食蔬菜、花卉苗木、乡村农舍、溪流河岸、园艺场地、绿化地带、产业化农业园区、特种养殖业基地等自然人文景观形成独特的艺术魅力，并以此为核心，融入文化、旅游、休闲元素，打造艺术节、文化村等活动与项目，为旅游者构建以艺术观光休闲为主要内容的产品。这类产品使得游客回归自然，感受大自然的原始美以及艺术与自然融合的震撼力在山清水秀的自然风光和多姿多彩的艺术形态间放松自己，从而获得一种心灵上的愉悦感产品类型。艺术观光休闲产品强调艺术植入与艺术的生活化处理，其产品兼具自然艺术与生活艺术的美感，主要类型详见表5-1。

表5-1 艺术观光型休闲农业的重要产品类别及项目

类别	特点	具体项目
艺术田园观光	创意景观	花海（油菜花、向日葵、薰衣草、胡麻花、郁金香等）、稻田、梯田、花季果园、丰收田园、麦田怪圈、稻田画等
设施农业观光	科技农业景观	立体种植、容器种植、无土栽培、温室栽培、温室花卉、创意农业、基因工厂等
建筑艺术观光	建筑景观	特色民居（竹屋、土屋、窑洞、石头房子等）、生态建筑、仿生建筑等
人文艺术观光	文化记忆	艺术设计小品、博物馆／文化馆／艺术馆、农业遗址等

艺术观光型休闲农业的开发以艺术与乡村风貌的改造融合为核心，主要有以下三个要点。

（1）以艺术家为核心多方共同参与。艺术观光休闲产品的打造需要艺术家、原村民消费者的共同参与，该类产品的核心生命是艺术，需要艺术家倾注心力，对原有的田园、建筑等农业资源进行融合改造，并根据场景进行艺术创新，最终形成具有核心吸引力的艺术观光产品。艺术观光产品产生的全过程都离不开原村民的参与，原村民提供闲置的乡村农业资源，参与休闲活动的经营，并在区域发展中受益。由艺术连接起来的消费者具有较高的忠诚度，通过适当的引导能够与原村民一起推动区域的艺术发展与产品更新。

（2）依托区域资源，打造可持续更新的艺术观光休闲模式。艺术具有生命性，与个人生活、时代发展等密切相关，需要持续不断的改造、创新，这样才能为项目注入持续的生命力。因此，这一开发模式应尽量选择具有持续性的艺术活动来带动，以不断保持产品的时代感与创新性。

（3）以更宽广的视角，打造产品的独特性与典型性。艺术是人类情感的表现，艺术与农业的融合远不是在农业环境中放几个艺术作品那么简单，它需要艺术与乡村风貌的完美融合，需要从人类共通情感中打造农业中的艺术世界，形成具有独特魅力、典型价值的艺术场景与体验。

（二）休闲聚集型开发

休闲聚集型农业开发是以农业为基础，以宁静、松散的自然氛围为依托，以农事体验、花卉观光、科普、运动等多种多样休闲体验活动为核心的一种开发模式。此模式核心在于通过"主题化"途径打造乡村休闲活动和乡村文化的极致化体验，进而通过休闲消费的聚集来提升运营和盈利能力。主题往往能构成项目吸引核，成为吸引人流的利器，并通过主题型特色体验和特色服务内容的提供，留住人群，刺激消费，推动产业升级。

主题聚焦下的休闲农业开发主要有以下三个要点。

（1）充分挖掘主题资源。基于乡村文化和农业特色，聚焦特色主题进行突破，通过景观设计和体验情景的融入，让游客感受到主题氛围并参与其中，满足其体验诉求。

（2）围绕主题形成产品支撑体系。主题资源及文化的挖掘和定位固然重要，但最终落地要靠主题型核心产品和项目支撑。

（3）基于主题形成品牌化发展。在主题体验产品和主题氛围的营造下，通过文创将主题导入"种植、加工、包装、营销"等环节，提升农产品附加值，并借助互联网和微平台形成互动营销和品牌宣传，拓展游客和消费市场。

休闲聚集型开发模式下，结合市场需求和主要功能综合考虑，休闲农业的产品一般分为特色农业类休闲、亲子类休闲、运动类休闲、文化类休闲、科普类休闲及其他特色休闲等类别。详见表 5-2。

表 5-2　聚集型休闲农业的重要产品类别及项目

类别	特点	具体项目
特色农业类休闲	特色农产品为吸引	花卉体闲游、林果采摘游(草莓、苹果等)、休闲牧业游、葡萄庄园、茶园、水草农场、水稻农庄、竹林生态乐园、休闲渔场等
亲子类休闲	儿童游乐 + 亲子活动	亲子乐园、萌宠乐园、番茄庄园、亲子 DIY（自己动手）等
运动类休闲	运动拓展	花田 / 农间迷宫、赛场，农业主题马拉松、趣味运动会、田园风筝节等
文化类休闲	农俗 + 民俗风情	农耕文化馆、农耕文化主题农庄、民间技艺、民族村落(中华民族村)、乡土艺术主题民宿等
科普类休闲	自然教育 + 农业科技展示	农业科普教育、自然教育、科技农业园区、创意农业园等
其他特色休闲	婚礼主题、农业嘉年华、乡村音乐节、乡村市集等	

（三）智慧科普型开发

随着互联网、物联网等信息技术及智慧设备在农业中的广泛应用，智慧农业成为农业转型升级的新途径。智慧农业运用现代科技手段进行农业生产种植，包括智能温室农业、无土栽培、精准农业等现代农业生产和经营内容，具有规模化、产业化、精准化等特点。

智慧科普型休闲农业是基于农业科技内涵，以智慧农业为核心，集科技展示／示范、旅游观光、科普教育及休闲娱乐功能于一体的一种综合开发模式。智慧科普型休闲农业注重延伸科学教育功能，强调智慧科普的同时也强调娱乐参与性，通过体验化产品打造满足游客对科技的探秘和好奇，同时也成为智慧农业的重要宣传窗口。

智慧科普型开发模式下，根据主要服务功能来看，一般分为科技观光、科普教育、农业科研、休闲游乐等产品类别，详见表5-3。

表 5-3　智慧科普型休闲农业的重要产品类别及项目

类别	特点	具体项目
科技观光	技术展示	智慧农业园、智能温室、设施园艺示范园、沙漠植物室、绿色农业种植园、农业创意馆、智能生态农场等
科普教育	技术普及	教育农场、自然学校、亲子科普活动、智慧农乐园等
农业科研	技术支撑	新型农业科研基地、垂直农业技术馆、健康科技农园、国际农业交流园、会议会展活动等
休闲游乐	趣味体验	AR主题乐园（现实主题乐园）、科技DIY（自己动手）、主题餐厅、主题农事节庆等

科技农业资源、科普教育及休闲旅游功能的深度融合是智慧科普型休闲农业开发的关键。在具体实施过程中，应充分利用农业新科技及智慧化管理，并结合农业田园风光、农耕文化等资源，形成"科技＋农业＋教育＋旅游"的创新型产品谱系。

（1）打好"科技牌"，做好农业科技的展示和示范。智慧农业从育种到采摘全链生产过程中都与传统农业不同，技术含量高，管理现代化，同时有一定的观光展示和虚拟体验等功能，能形成休闲带动效果。

（2）做好科普活动及教育课程的设计。在已有资源和生产基础上，针对不同的科普对象（行业内技术人员、行业管理人员，还有青少年等）创新性地从科普内容、体验活动、服务内容等方面形成一套面向市场的科普体验产品体系

（3）补充大众休闲游乐产品体系。在智慧科普的核心产品下，从农业附加价值的实现和项目综合收益角度考虑，要丰富全方位全周期的休闲、趣味、游客体验内容和服务设施，对接市场多层次的体验和游乐需求，实现从深度向广度的市场拓展。

（四）田园养生度假开发模式

近几年，随着人们旅游观念的转变，休闲度假逐渐成为一种趋势，依托蓝色天空、清新空气的乡村田园养生度假受到都市人的追捧。度假型休闲农业以"农作、农事、农活"的体验为基本内容，重点在于享受乡村的生活方式，借以放松身心，达到休闲的目的。通常来说，主要由度假农庄提供田园养生度假服务，并同时提供乡间散步、爬山、滑雪、骑马、划船、漂流等，以及观光、休闲、娱乐、康体、养老等多种配套产品，以丰富乡村度假内容，满足多样化度假需求。

田园养生度假休闲农业的主要产品类型有农事体验、绿色生态美食、特色住宿、田园养生、运动休闲等，详见表5-4。

表5-4　田园养生度假型休闲农业的重要产品类别及项目

类别	特点	具体项目
农事体验	田园生活	开心农场（种植、采摘、垂钓）、田园牧歌、养老庄园等
特色农庄住宿	住宿载体	特色农家院和客栈、渔家村、酒庄、木屋、乡村帐篷等

类别	特点	具体项目
绿色生态美食	食疗养生	农村集市、有机餐厅、新农村怀旧餐厅、温室生态餐厅、农家特色餐厅等
田园养生养老	养生保健	园艺疗法、中医理疗馆、养生会所、生态健身步道等

田园养生度假休闲农业的开发主要有以下四个要点。

（1）多主体共同开发。田园度假休闲涉及乡村住宿、特色餐饮养生养老产品等诸多方面，其开发需要村集体、农民、企业的配合，形成共担责任、共享利益的开发结构。

（2）闲置资产的利用。在大规模乡村人口进城的背景下，乡村出现大量的闲置房屋、土地，这些闲置资源的充分利用，有利于缓解我国用地矛盾，保护耕地资源，增加农民收入，助益乡村振兴。

（3）打造田园度假产品独特的"乡土味"。从某种意义上说，田园度假是一次对乡土文化与生活的体验，因此田园度假产品应通过材质、建筑形态等营造淳朴的乡村氛围，从文化活动、餐饮配套等方面形成乡土的生活方式，让旅游者体会本真的乡土味。

（4）高品质的乡村度假生活。"乡土味"不等于低端的产品服务，田园度假应在"乡土"基础上，提供丰富的现代体闲配套和高端的度假服务。

需要说明的是，具体到某个休闲农业项目的开发，可能涉及艺术观光、主题休闲、科技农业、田园养生等多个层面，在实际操作中，不同项目需要根据其自身的现实条件综合考量，选择最合适的开发模式。

第二节　乡村旅游市场的创新与开发

一、乡村旅游模式创新

（一）乡村旅游发展模式

1. 技术渗透融合模式

技术渗透融合模式指的就是在技术创新和管理创新的推动下,原本属于乡村旅游创新发展研究不同行业的价值链逐步地渗透到另一个行业,两者相互作用,从而形成一个全新的产业链。在现代社会市场经济环境中,创新是保持竞争优势的根本路径。对于乡村旅游而言,虽然说乡村旅游产品并没有涉及现代化生产技术,但是作为现代市场经济的一部分,乡村旅游也必须遵循时代发展的潮流,不断地进行创新才能够保持旺盛的生命力。在日益激烈的市场竞争中,只有满足市场需求的行业秩序,使乡村旅游不断创新和发展,创造出新类型的乡村旅游产品,才能够立足于行业市场。新型旅游业态要求乡村旅游业积极整合其他行业的相关技术,如果一些行业具有突出的技术优势,也可引入到乡村旅游产业中去促进其发展。技术整合,提高乡村旅游的技术含量,使乡村旅游业充满了新的活力。

2. 功能附属融合模式

功能附属融合模式是指通过功能融合的方式推动乡村旅游产业发展的模式。每个行业都具有多种社会功能,而不同行业的社会功能可能存在一定程度的一致性,通过将这种社会功能有机融合可以在一定程度上推动行业发展。

将功能作为切入点来进行产业融合不仅有利于突出各个行

业的社会功能,而且能够增加行业的功能效益。例如,体育的主要社会功能之一就是帮助人们身体健康,放松心情,而旅游行业的主要功能之一也可以消除人们的疲劳,使人们放松心态,如此一来两者就有了共通之处,可以将这一社会功能作为切入点进行产业融合,从而形成一种新的乡村旅游形式,发展乡村体育旅游等项目。这种旅游形式不仅加强了体育与乡村旅游在促进人们身心健康发展方面的作用,而且拓宽了乡村旅游与体育产业的范畴。

(二)乡村旅游产业融合发展的途径

1.优化丰富乡村旅游产业形态

当前国内经济发展的热点之一就是供给侧结构改革。推动乡村旅游产业融合发展首先要做的就是丰富乡村旅游产业形态,否则乡村旅游产业融合也只是空谈。对此可以从以下方面进行把握。

第一,将旅游业之外的其他产业通过旅游资源的形式表现出来,从而达到丰富旅游资源外延,扩大旅游产品范畴的目的。例如传统的手工业生产工具与农业生产工具本不属于旅游业,但是可以将这些纳入旅游资源的范畴中,有针对性地开展手工生产体验与农耕体验的乡村旅游项目。

第二,利用现代化信息技术对传统的乡村文化进行创新融合,将不同的乡村文化融合在一起,通过现代化信息技术表现出来,形成一种新的乡村旅游形态,即演艺旅游。

2.优化乡村旅游需求市场模式

传统的乡村旅游市场营销不外乎迎合游客的需求,进行简单的推销,但是这种营销方式明显的是纯粹站在乡村旅游的角度进行考虑的,并不适合产业融合模式下的乡村旅游。因此,对乡村旅游需求市场模式进行优化势在必行,这就要求乡村旅游地区在对旅游市场需求进行分析和整合时充分地将其他产业融入其中,创造出新的旅游产品,如将乡村的房地产行业与旅游业结合在一起形成房产旅游、将乡村的手工业与旅游结合在一起形成会展旅游等。

3. 优化乡村旅游产业运营形式

从本质上说,任何对市场进行优化的行为其实解决的都是市场上供需之间的问题。对于乡村旅游产业融合模式的实现而言,优化乡村旅游产业运营模式是必要的,以往的乡村旅游模式是独立发展的,与其他产业的互动性并不是很高,这就制约了乡村旅游产业与其他产业的融合。在产业融合之后,乡村各大产业将会逐步形成一个整体,一个产业的发展将会带动乡村旅游以及其他产业的发展。

二、乡村旅游产品创新

(一)乡村旅游产品主题设计

乡村旅游首先要做的是设定一个精练的主题,主题的设定是规划乡村旅游产品的关键所在。一般来说,科学的乡村旅游产品规划都是将一个固定的主题作为出发点,然后以主题为依托设计出一系列乡村旅游产品。对于乡村旅游产品而言,主题的最大价值在于以下三个方面:第一,主题能够保证乡村旅游产品的规划始终围绕共同的核心,避免因产品种类繁多分散客的注意力;第二,统一的主题有利于乡村旅游地区更好地营造旅游环境与氛围;第三,旅游主题的设定往往与当地的风俗民情相关,这能够保证乡村旅游的特色,避免其他乡村地区模仿。在设定乡村旅游产品主题时,旅游地区可以按照以下三种方式结合自身的特色进行设定。

1. 以乡村实体景观为主题的乡村旅游产品设计

实体景观一直以来都是以观光为主,但是近年来实体景观旅游产品的设计也逐渐地多样化，最为常见的是根据景观的类型来针对性地设计出相应的旅游产品，从而增加旅游产品的内涵。例如，根据"桃李无言，下自成蹊"成语中"桃李"的象征意义来设计以学子谢师或者教师度假为主题的旅游产品，以此来吸引毕业考试之后的学生游客或者节假日期间的教师群体。

2. 以地方民俗为主题的乡村旅游产品设计

（1）欢乐农家

欢乐农家产品的设计主要是以乡村常用的农耕与生活工具进行设计，如将乡村的织布机、石磨等与谷子、玉米放在一起，塑造一个传统的农家形象，游客可以在其中享受传统的农耕方式，感受收获的喜悦。

（2）童真乐园

童真乐园，顾名思义主要是针对儿童游客设计的。该设计主要是利用城市儿童不常接触的乡村孩子娱乐项目进行布置，如踢毽子、推铁环、弹弹子、玩泥巴、踩高跷等。

（3）农家宴

农家宴这一旅游产品既凸显了乡村生活的特点，也为游客提供了饮食服务。例如，"田里挖红薯、村里吃土鸡"，感受了一天的乡村野趣，再在田园茅草屋下吃上一顿地道的农家大餐，如米汤菜、红薯稀饭、土鸡土鸭，是既饱了眼福、手福，又饱了口福。在东北可以吃大锅贴饼子、"笨鸡"炖蘑菇、水豆腐、土豆炖茄子、山鸡等纯绿色食品。

（4）农家作坊

可以说几乎每个村庄都有自己的"独门绝活"，对此乡村旅游地区可以充分利用，增设几处农家作坊，挖掘传统技艺，展示各种已被现代文明取代的劳作方式，使游客可以欣赏乡村的古朴意味。

（5）民俗演绎

演绎祭灶神、祭祖、婚嫁等民间节庆的生活习俗。游客可以参与其中,扮演新郎、新娘或主婚人等,亲身体验坐花轿、游后山、抛绣球等活动。例如,汉族民俗:春有"踏青节"为主题的民俗活动;夏有"七夕节"为主题的民俗活动;秋有"中秋节"为主题的民俗活动;冬有"闹春节"为主题的民俗活动。

（6）动物欣赏

虽然说与城市的一些养殖园相比,乡村的动物种类并不是很多,但是仍旧有其乐趣所在,对此可以设计观赏鱼类和农家小动物,如开展"好汉捉鸡"等活动。

（7）乡村购物

乡村购物也是一项可以设计的旅游产品,如每隔一天或者一周的赶集,固定时间的庙会等,游客可以在此购买民间工艺品,如刺绣、瓜果、干果等。

（二）乡村旅游产品营销推广

（1）各地方政府在进行交流时要主动宣传自身的乡村旅游产品,如法国乡村旅游之所以发展迅速的一个主要原因就是政府主动印刷了大量的宣传手册,并在交流访问中向他国宣传,对此地方政府也应当如此,政府的主动宣传能够提高大众对乡村旅游产品的信任度。

（2）邀请旅行社与新闻媒体来进行参观是推广乡村旅游产品的一个重要途径,正所谓耳听为虚眼见为实,旅行社作为旅游活动的发起人,新闻媒体巨大的影响力都能够帮助乡村旅游地区将旅游产品推广出去。

（3）在互联网时代,制作专门的形象与产品宣传片对于旅游产品的推广具有十分重要的意义,它能够帮助潜在客源更为直观地了解旅游产品并激发他们的旅游动力。

（4）将旅游产品的品牌在营销宣传册、形象宣传片、网站介绍、信息中心、旅游纪念品、旅游宣传品等地方反复应用,强化旅游产品形象。

（5）举办节事活动,参加节庆活动、展销会、博览会、旅游交易会,集中大量媒体的传播报道,迅速提升旅游产品的知名度和美誉度。

（6）通过专题新闻报告、专题电视风光、专题性学术会和电视综艺节目等多种运作形式,将旅游产品宣传出去。

（7）通过举办摄影、绘画、作文等系列比赛和优秀作品展览活动,或通过定期举行门票抽奖活动,使旅游与竞技、旅游与知识、旅游与幸运相结合,达到扩大景区影响、树立景区名牌、提高到访率和重游率的效果。

三、乡村旅游宣传策略创新

（一）提升乡村旅游宣传理念

所谓理念,是人们对事物的理性认识。理念,是行动的指南；排除外界干扰,有什么样的理念就会有什么样的行动。乡村旅游市场营销的理念,跟发展乡村旅游的根本理念是一致的。不同的人从不同的角度提出不同的理念,大多是有一定道理的。在乡村旅游产品的开发上,应该特别注重将儒家文化、民俗文化、佛道文化深入融合,并加以创新；不仅要得其形,更要得其神,这样才能挖掘出让游客心灵得以安静的乡村旅游。在这方面云南的丽江做得非常好。在丽江有很多长期居住的游客,这些游客的收入并不是很高,在丽江也只能以租房做点小本生意为生,但是这些游客并不愿意离开丽江,原因不在于丽江的景观有多好。其实,我国不逊色于丽江的地方有很多,但是丽江却受到国内游客的喜爱,根本原因就在于在很多游客眼中,丽江的生活能够给予自己一种心灵上的抚慰,在这里生活,他们能够真正地感受到生活的痕迹,而不是如同大城市一样逐日奔波并失去自我。

（二）乡村旅游宣传战略创新

市场营销战略关乎全局，关乎长远，当前我国乡村旅游市场营销战略仍旧以国内旅游市场为目标，但是从战略的角度来看，市场营销战略应当上升到国际旅游市场的角度，所打造的乡村不仅是具有中国特色的最美乡村，更应当是世界上首屈一指的乡村，将营销目标放在国际游客市场上是乡村旅游产业发展的必然结果。

将乡村旅游市场营销的重点放在国际市场，会不会对现有的市场产生冲击是每一个乡村旅游企业关注的问题。问题的焦点集中在企业的资源十分有限，如果将资源集中在前景不明朗的国际市场上，那么会不会导致本土市场营销资源不支持，进而市场占有率会迅速降低。其实不然，"外来的和尚好念经"在营销界指的就是国际游客的倾向对于国内游客有一定的引导作用，很多国内游客会潜意识地跟随国际游客，看看那些能够对国际游客产生吸引力的景观具有何种独特之处。因此，将市场营销的重点放在国际市场在初期固然会造成一定的客源损失，但是从长期的角度来看，对于乡村旅游却是利大于弊，同时也有利于乡村旅游提高对高端客源的吸引力。

（三）乡村旅游形象提升

随着现代信息技术的不断发展，互联网逐步地将全部媒体纳入其中并延伸出种种终端，这些终端并不是独立存在的，而是具有十分强烈的互动性，从而形成了当今的"互动网络"时代。在网络时代背景下，旅游形象的塑造与传播与传统的旅游已经截然不同，具有鲜明的互联网特征。总的来说，互联网就像一枚无形的大透镜，旅游形象通过这枚大透镜呈现在大众眼中，其中不仅仅是有形的景观如自然景观、人文景观等，更有口碑、服务等无形的评价，对此乡村旅游绝对不能忽视，而是要将乡村旅游之美与时代特征结合起来,充分利用互联网的互动性来加强营销。事实上,在互联网时代,一切营销手段都可以通过互联网进行。例如,传统的广告营销可以放在一些人流量较大的网站或者专门为旅游提供服务的网站上;再比如,人员推销完全可以通过QQ、微信等新媒体来进行。对于乡村旅游企业而言,这种营销不仅便利,而且能够有效地降低成本。此外,值得注意的是,互联网的一个主要特点就是即时性,对于乡村旅游而言,这种即时性能够迅速地将乡村最为美好的一面展现在大众面前,从而激发大众的旅游热情,如在收获季节通过分享一些游客在田间收获的场景来吸引他人等。

哪怕旅游营销手段再好也是无法吸引大众的,更不会加深大众对乡村旅游的认同感。因此,乡村旅游营销必须要重视体验与分享。从消费者旅游的过程来看,大致可以划分为三个阶段:第一个阶段是旅游前的学习与决策,即对旅游目标进行分析,最后确定旅游地区;第二个阶段是消费中的体验与品鉴,即在旅游中所享受到的一切旅游服务;第三个阶段是旅游后的评价与分享,即对旅游活动进行一定的评价,将好的旅游活动与大众分享,这可以说也是互联网的一大特色。而对于乡村旅游而言,核心就在于第二个阶段,即做好游客的体验与品鉴,做好这一环节的工作就意味着游客对旅游地满意度较高,有利于游客的评价结果和分享,从而不断地扩展乡村旅游的影响范围。当然,重视游客在旅游中的体验并不意味着忽视游客的评价与分享。一般来说,乡村旅游企业需要建立专门的部门来负责这一方面的工作,主要的工作内容就是通过自己的亲身体验来组织和引导网友进行讨论,收集网友的精彩帖子加以编辑和转发,以良好的图案文字来打开网友的心扉,从而使得网友自发地转发,成为乡村旅游的宣传员。同时,对于一些积极消费者,乡村旅游企业也应当保持长期的联络,一方面从中获取发展意见,另一方面通过一定的奖励来调动他们的积极性,鼓励他们不断地在网络上宣传乡村旅游。

（四）乡村旅游的宣传方法创新

1. 利用媒体进行宣传

（1）利用杂志进行宣传

杂志又称"期刊"，是一种定期出版物，按日期可分为周刊、月刊、季刊、半年刊、年刊等；按内容可分为专业性杂志和综合性杂志；按读者对象可分为老年、青年、妇女、儿童等杂志。杂志可以多方面、多角度宣传乡村旅游产品，内容丰富，广告保有期限长，延续效果较好。另外，相对来说，杂志的读者群体其特点也较为一致，这对于乡村旅游企业来说非常有利于进行有针对性的宣传。当然，杂志的发行周期长，新闻性弱，时效性差；对读者的文化水平要求高，价格也相对较高，所以受众不是很多、很广。

（2）利用报纸进行宣传

报纸按其内容可分为面向整个社会，以所有读者为发行对象的综合性报纸和以发表某一行业、某一系统或某一阶层的，有特定读者范围的专业性报纸；按发行范围可分为全国性报纸和地方性报纸；按出版发行时间（周期）可分为日报、晨报、晚报、周报。报纸的本地市场覆盖面大，广为接受，可信度较高，也便于选择和保存，较为经济。不过，报纸的大部分内容是文字和图形符号，没有动感和变化，缺乏生动性和及时性。

（3）利用广播进行宣传

广播的传播速度快、覆盖面广；声音的呈现显得比较生动，有现场感；成本不高，而普及率较高。当然，利用广播宣传，时间较短，稍纵即逝，不便保存；不利于选择，检索性差。

随着电视和网络的普及，广播的重要性有所降低，受众面变得较为狭窄，所以乡村旅游企业利用广播宣传时，应当注意瞄准潜在游客市场。一般来说，司机、乡村居民或其他特点明显的人群使用广播的频率较高。

（4）利用电视进行宣传

在生活中我们不难发现,看电视还是人们度过闲暇时间的一种常见方式。它真实感强,结合了图、文、声、色四种因素；娱乐性强,可以同步传送,使人有身临其境的参与感。此外,电视信息传播快速且真切,并有直观的艺术性。在时段选择上,要结合游客的观看习惯和费用支出综合考虑,以达到较好的消费比。当然,与互联网相比,电视宣传的时间短,内容稍纵即逝、无法保存；广告制作耗时,费用昂贵；可选择的电视台较多,被顾客观看的概率较低。

（5）利用互联网进行宣传

随着科学技术的发展,互联网的重要性和普及率在不断提高,因此,利用互联网进行宣传是十分必要的。互联网不仅具有报纸、广播、电视等传播媒体的一般特性,而且具有数字化、多媒体、适时性和交互式传递的独特优势。利用互联网进行广告宣传,可以有针对性地传递不同的广告信息；可以获得潜在游客的反馈；可以利用虚拟现实界面设计给人身临其境的感觉等。

利用互联网进行宣传的方法有很多,我们可以选择搜狐、网易等较大的门户网站进行宣传,也可以选择较为专业的旅游网站如携程旅行网、艺龙旅行网等进行宣传,也可选择搜索引擎如百度等进行合作。一般而言,城市居民进行乡村旅游前,常会到网上搜索相关信息,互联网宣传的效果还是比较明显的。除选择商业网宣传外,有条件的可建设自己的网站进行宣传,不具备条件的也可以采用博客,建立或参与论坛,或利用QQ、MSN等通信软件与感兴趣的人聊天,推广宣传自己的产品。当然,无论采用哪种方式进行宣传,都应注重真实性与生动性,尽量多采用彩色图片。

在当前阶段,人们可以利用微信、利用乡村旅游企业网站、利用第三方网站的发布平台进行宣传。

微信是这两年非常火热的通信软件。乡村旅游企业利用微信宣传,主要体现在以智能手机或者平板电脑中的移动客户端进行的区域定位宣传上。乡村旅游企业一般会通过微信公众平台，结合转介率、微信会员管理系统，展示商家微官网、微会员、微推送，实现乡村旅游产品的宣传目标。

乡村旅游企业也可以开发建立自己的网站，通过网站内容进行宣传。对于有些旅游者来说，他们往往有明确的旅游目的，此时如果直接查看相应的旅游网站，就可获得需要的旅游信息。所以，乡村旅游企业可据此好好设计网站内容，实现自己的宣传目标。对不知晓乡村旅游产品的旅游者来说，很多时候难以自主访问到网站。因此，乡村旅游经营者还应利用第三方网站的发布平台进行乡村旅游产品的宣传，并建立起与旅游网站的链接。当前，通过向旅游企业提供在线的发布平台来帮助旅游企业推广产品和服务的旅游网站有不少。对于乡村旅游企业来说，首选的应该是本省的旅游咨询网，然后是行业知名网站，如携程旅行网、艺龙旅游网，同程旅游网、驴妈妈旅游网、途牛旅游网、融 e 购、美团网等，通过录入旅游产品信息形成网上门店，从而进行旅游产品的推广。

2. 利用当地政府部门进行宣传

在乡村旅游营销中，政府的参与也是十分必要的，而且在一些不发达地区的乡村旅游事业发展中，政府参与所发挥的作用很大。由于发展乡村旅游与国家的方针政策相一致，并有利于优化农村产业结构，有利于建设社会主义新农村和建设和谐社会，所以，各地的政府及相关部门均大力支持乡村旅游的发展。鉴于此，乡村旅游企业和经营者可以向政府寻求并获得宣传营销等方面的帮助。

3. 公关宣传与赞助

公关宣传与赞助是利用公共关系进行宣传的两种方式。公关宣传是利用各种传播媒介，沟通自己企业同社会公众及游客之间的相互联系，增进相互的了解和理解；赞助是无偿提供资金或物质对各种社会事业做出贡献。这两种方式是为了树立企业的良好形象和信誉,提高知名度,激发公众和游客的好感与信任,为乡村旅游产品的销售创造一个良好的外部环境,实现企业盈利的目的。

4. 利用回头客进行宣传

回头客往往是铁杆的消费者、忠诚的使用者和自动的宣传员。所以,乡村旅游企业应当注意发挥回头客的宣传作用。

利用回头客宣传,费用低、可信任度高、针对性准确、易整体提升企业形象,挖掘潜在游客的成功率高;能有效影响消费者决策、提高品牌忠诚度、更加具有亲和力,并避开竞争对手锋芒。当然,回头客的说法难免主观、片面,有可能会产生错误言论,造成宣传信息的不真实。

5. 自制宣传材料

旅游企业除了上述的宣传方式外,还可以通过自制宣传材料来进行宣传。它可以说是其他宣传方法的一种补充方式。对于规模较小的乡村旅游企业来说,这种方式无疑是最合适的。自制宣传材料的方式可以多种多样,效果好即可。可以制作宣传小册子和传单,突出乡村旅游产品的亮点和特色;制作标识牌、路牌、名片等;制作车贴广告。在自己的交通运输车辆或付费使用他人的车辆上可以张贴别具一格、具有冲击力的广告来实现宣传效果。农村有很多的农用机动车,这些司机都比较好讲话,付出较低的报酬就可贴上宣传材料。所以,在乡村旅游企业也可以选择在农用机动车上张贴广告。另外,还可以设立广告牌,乡村旅游企业要在不违反相关法规的情况下,设广告牌于交通较为密集的国道、省道等公路两旁或车站等人流密集的地方。广告牌的制作应美观耐用,忌粗制滥造。

(五)乡村旅游的营销渠道创新

乡村旅游营销渠道的探索也是乡村旅游市场开拓中极为看重的内容。乡村旅游产品的营销渠道因为各种因素的影响,往往也是以多种形态呈现的,这就有了不同的营销渠道。

1. 直接营销渠道和间接营销渠道

在没有旅游中间商的情况下,乡村旅游产品被直接销售给旅游者,这就是直接营销渠道;反之,如果借助旅游中间商来销售乡村旅游产品就是间接销售渠道。

2. 长渠道和短渠道

营销渠道根据介入旅游中间商层次来看,还有长短之分,因而就有了长渠道和短渠道的类型。营销渠道较长,就是长渠道。这种渠道的信息传递慢,流通时间较长,对营销渠道控制困难。反之,介入旅游中间商层次少,就是短渠道,信息传递快,销售及时,能有力地控制营销渠道。

3. 宽渠道和窄渠道

乡村旅游产品销售网点的数目与布局决定了其营销渠道的宽度。数目多,分布广,渠道就宽;数目少,分布小,渠道就窄。

就当前来看,我国乡村旅游经营组织规模一般都比较小,大多采用直接营销渠道、短渠道、窄渠道,但随着乡村旅游的发展,各种类型的营销渠道必将被广泛地采用。

四、乡村旅游市场的开发

(一)定位乡村旅游开发主题

就当前而言,乡村旅游开发主题定位包括三个层次,即发展目标定位、功能定位和形象定位。其中,发展目标是根本性的决定因素,是实质性主体;功能定位则是由发展目标决定的内在功能;形象定位是发展目标的外在表现。

1. 发展目标定位

乡村旅游发展目标的制定,是为了监控乡村旅游开发的实际产出与总目标之间的差距,以衡量乡村旅游区规划和开发是否成功,并找出存在的问题进行反馈与修正。一般而言,乡村旅游的发展目标主要有经济发展目标、村民生活水平目标、社会安定目标、环境与文化遗产保护目标、基础设施发展目标等,如果就乡村旅游业而言,乡村旅游规划和开发的主要目标则是追求商业利润与经济增长,促进环境保护;而地方政府方面的目标则偏向于增加就业、税收、外汇收入,关注人民生活水平提高及基础设施改善等。

2. 功能定位

通常来说,乡村旅游区具有多方面的功能,至于如何确定某一个乡村旅游区的具体功能,需要对与该乡村旅游区相关的各方面因素进行综合考虑。概括而言,乡村旅游区规划和开发的功能可以划分为经济功能、社会功能和环境功能。

3. 形象定位

旅游形象是旅游者对旅游地各类要素的体验感知与情感评价的综合,是旅游地吸引物、旅游服务、自然环境、社会环境等的外部表征,也是旅游地的历史、现实与未来的一种理性再现。旅游地的旅游形象是吸引旅游者的关键因子,也是决定旅游地能否可持续发展的重要因素。因此,形象定位是当前进行乡村旅游开发主体定位最常用的一种方式。

(二)完善乡村旅游设施建设

乡村旅游乐在幽静的山水、迷人的田园风光、朴实的农家装饰、舒适的休闲娱乐和文明的接待氛围,乐在使旅游者感受自然、回归自然,获得一种心旷神怡的情境和景致。要使旅游者真正感受到乡村旅游的乐趣,必须做好乡村旅游的设施建设。

1. 乡村旅游设施建设的基本原则

乡村旅游设施是为适应旅游者在乡村旅行游览中的需要而

建设的各项物质设施的总称,是发展乡村旅游业不可缺少的物质基础。乡村旅游设施的建设并不是盲目的,需要遵循一定的原则,具体如下。

（1）乡村性原则

与传统大众旅游相比,乡村旅游的旅游者所追求的不是豪华舒适的旅游设施,而是彻底融入当地农民生活的特点,追求朴素、自然与协调,因此乡村旅游设施建设的中心原则便是乡村性原则,即要最大限度地突出和保持原汁原味的农家风味。

（2）自然性原则

自然性原则指的是乡村旅游设施建设应师法自然,天人合一,体现人与自然的高度和谐。也就是说,乡村旅游设施的使用材料应取之自然,通常采用农民可自己生产或就地取材的自然材料,如木头、砖块、稻草、麦秸、芦苇等,即使被毁坏,还可以回收再利用。

（3）闲置性原则

闲置性原则指的是乡村旅游设施建设要尽可能减少不必要的人工设施,尽量利用闲置空间和设施。近年来,随着农村劳动力的大量转移,农村中留下许多闲置空间,如仓库、房舍与田地等,此外还有许多能满足旅游者需求的设施物,如对外联系的道路、路标与排水系统、餐厅、厕所、步道、铺面、休憩座椅、凉亭、平台栏杆及垃圾桶等。这些设施如果新建,不但有人工化之嫌,而且花费大,但如果充分利用闲置空间并加以改善,可以减少对乡村环境的冲击,如将仓库改作服务中心或利用田埂作为步道等。

2. 乡村旅游设施建设的内容

乡村旅游设施涉及的内容是十分广泛的,在这里着重阐述一下对乡村旅游影响较大的基础设施的建设。

（1）吃饭设施建设

乡村旅游的吃饭设施,主要是农家餐厅。在进行农家餐厅建设时,可从农家餐厅的布局、硬件配置、厨房排烟设施、消防设施、墙面装饰等方面抓起，为乡村旅游营造一个干净、舒适、健康的用餐环境。

（2）住宿设施建设

乡村旅游的住宿设施，主要是农家旅舍。农家旅舍是指利用农户自家住宅空闲房间，结合当地人文与自然景观、生态、环境资源及农、林、渔、牧生产活动，以家庭副业方式经营，为旅游者提供乡野生活的住宿场所。其重在突出单纯朴实，简约而不失整洁的特点，并有着浓浓的人情味和独特的风格。因此，在进行农家旅舍建设时，可从以下几个方面着手。

①农家旅舍建设要突出其民居化

农家旅舍的建设应结合所处的地理环境，因地制宜，就地取材，或搭成一座茅庵草舍，或利用岩洞，或盖成小青瓦粉红土墙，或垒砌一座石头屋，或利用河道建在水上，或利用林木建在树上，凸显农家旅舍的民居化，定会卓尔不群。

②农家旅舍的装饰要体现出当地的民俗文化

在进行农家旅舍的装饰时，要注意与当地民俗文化紧密结合，突出乡村情趣。

③农家旅舍的设施要合理

农家旅舍的房间通常以通铺、家庭式、套房式为主，要体现出农家屋宽敞的特点；房间内部只要陈列简单的床具、一两把椅子、一个小茶几、一个小衣柜即可；床铺由于各地风俗各异，因而呈现出多样化的色彩，没有必要统一，但对于床铺的结实、平整、卫生、舒适四个方面却不能马虎；公共活动场所也是农家旅舍不可缺少的，其可与餐厅在一起；农家旅舍周边景观设计、有无停车场、停车场大小、导览或解说设施以及有无提供户外活动场地等，也都是需要考虑的内容。

（3）交通设施建设

在乡村旅游开发与经营中，便利的交通具有举足轻重的作用。对普通的旅游者来讲，不论乡村旅游区（点）的景观如何优美、资源如何丰富，若无法顺畅地进入景区从事游憩活动、获得体验，该景区对旅游者而言将毫无意义。因此，在进行交通设施建设时，要充分利用已有道路和田埂道，在不破坏现有农田生态系统的前提下，精心设计线路；要进行合理的步道设计；在乡村旅游过程中，要确保行人能轻易地移动，必须做好行人空间大小的设计。行人空间的大小依使用的活动强度而定；要设置合理的停车场，停车场的设置以邻近乡村活动地点为原则，并要做好停车场的绿化造景。

（4）乡村垃圾处理设施建设

乡村垃圾处理设施主要是垃圾桶。在进行垃圾桶建设时，以下几方面要特别予以注意。

第一，垃圾桶的位置要接近走道、马路，并且有服务车道，以便于收集。第二，垃圾桶须远离地下水源使用区，以植物阻隔，以免破坏景观及水源卫生。第三，垃圾桶须加盖、分类，便于清理。第四，垃圾桶要在全区适当地点摆设，贮放时间一日为宜，以免垃圾发臭。第五，垃圾桶的设置要考虑风、雨及日晒，避免垃圾四处飞扬。第六，垃圾桶的造型应与主题及周围自然环境配合。

（三）开发乡村旅游产品

1. 乡村旅游产品开发的原则

在进行乡村旅游产品开发时，应该遵循下列几个原则。

（1）独特性原则

在进行乡村旅游产品开发时，要尽可能避免雷同，走特色化、精品化路线。具体来说，乡村旅游产品的开发应以政府为主导，在深入调查区域乡村旅游资源的基础上，单独制定区域乡村旅游发展规划，深层次挖掘各地现有乡村资源的文化内涵，走差异化发展线路，成立乡村旅游联盟，使得各个地区都在打造自己独特的卖点，形成一村一品的良好格局，并且这些产品可以串成一条经典线路，给旅游者多样化乡村文化的体验。这样一来，乡村旅游开发的产品就具有多样化的特点，能够形成一村一景、一乡

（镇）一特色、覆盖整个地区的大乡村旅游网络，对于推动乡村旅游的健康可持续发展是极为有利的。

（2）可持续发展原则

乡村旅游产品的开发不能以牺牲当地资源为代价，必须紧扣可持续发展这一主题，重视旅游资源的开发与生态环境的协调发展，防止出现掠取性开发。重视乡村旅游资源的可持续发展，还要把握好资源类型，对当地的旅游资源进行正确的评估，在此基础上设计的产品才能比较符合当地的实际情况，体现当地的资源价值和核心竞争力。

（3）质量性原则

乡村旅游产品的一个重要因素便是质量，如果缺乏有效的质量控制机制，那么可能对乡村旅游产品带来毁灭性的打击。因此，在进行乡村旅游产品开发时，必须从一开始就讲究产品质量控制，以保证乡村旅游的健康发展。

（4）参与性原则

旅游消费的本质是购买一种"经历""回忆""印象"或"体验"，参与型旅游产品是让旅游者实现这一购买目的的最佳载体，开发乡村旅游产品时应注重设计多种类型和风格的参与活动，增加主动参与的趣味性、层次性、丰富性和多样性，如加工、品尝、健身、习艺、购物、民俗娱乐等都大有文章可作。

2. 乡村旅游产品开发的注意事项

在进行乡村旅游产品开发时，要特别注意以下几个事项。

第一，进行乡村旅游产品开发前，必须要认真分析目标市场的需求状况。第二，进行乡村旅游产品开发时，必须充分考虑当地乡村旅游经营者的能力，量力而行。第三，进行乡村旅游产品开发时，必须充分考虑其所能带来的综合性效益。第四，开发的乡村旅游产品必须具有新、特、奇的特点，并且能够满足乡村旅游者的需求和愿望。

（四）拓展乡村旅游发展模式

1.依托景区开发模式

依托景区开发模式，主要是在地势较为平坦、道路较为通达的风景区周边发展乡村旅游。此外，依托景区开发模式的乡村一般毗邻著名的风景名胜区、森林公园、地质公园等，借助这些原有名胜的吸引力优势，开发多种多样的乡村旅游，如民居食宿、乡村休闲等。

2.依托客源地开发模式

依托客源地开发模式就是借助紧邻城市的区位优势开发的城市居民休闲旅游，其资源优势主要是优越的自然环境，其产品功能是兼有观光和休闲，旅游线路也通常是短途线，周末一日或二日游。这类模式以成都"农家乐"、北京"民俗村"为代表。

在开发乡村旅游时，利用依托客源地开发模式要特别注意以下几个方面。

第一，建设模式应是景观化打造，城市化建设，即按照城市建设标准完善农村基础设施，适度进行景观打造，保持良好的生态环境。第二，发展模式应该是专注休闲文化经济，注重培植产业支撑，即在发展乡村旅游的过程中要积极促进传统农业向休闲文化经济发展，培植生态产业，实现可持续发展。第三，生活模式应该是离土不离乡，就地市民化，即发展乡村旅游时要做到不征地、不拆迁，实现农民离土不离乡，务工不进城，就地市民化，保证农民失地不失利、不失业、不失权。此外，还要积极构建起农村医疗保障体系、农村产业体系和农民就业体系等，切实推动农村整体发展水平不断提升。

3.古镇村落开发模式

古镇村落开发模式就是利用村落自身的建筑文化，聚落景观开发乡村旅游。安徽省配递宏村、江西婺源、福建客家土楼围屋、浙江兰溪诸葛村、南浔古镇和乌镇、湖南凤凰古城、山西王家大院和乔家大院等都是采用古镇村落开发模式而形成的乡村旅游景点。

依托皇城相府这一古老名镇应运而生的皇城村乡村旅游，是古镇村落开发模式的一个经典之作。在山西晋城市阳城县境内，近年崛起一些在国内外引起很大反响的以古镇村落建筑群众的乡村旅游景区，它以城堡式的明、清两代古镇村落建筑群引起国内外游人的关注，这就是《康熙王朝》电视剧中多次出现的人物、清代大学士、康熙皇帝的老师陈廷教的故居——皇城相府。近年来，皇城相府旅游发展的速度很快。它作为旅游名牌产品，频频在大众传媒上亮相，让人们感觉到它的前进速度。在当地旅游业没有开发时，皇城相府现在的房屋建设就是皇城村的一部分。旅游开发以后，当地村民陆续撤出了相府，住进了新建的小楼里。而相府即清代宰相陈廷教家族的故居随即进行了大规模的修缮与陈列。由于皇城相府是一处城堡式的两座相连的大院落，修建过程中，对于这一古代文物、建筑物的文化内涵进行了新的挖掘与整理，然后才展示给旅游者。正因为如此，皇城村与皇城相府进行了剥离，分成两个截然不同的区域，体验着两种不同的状态和功能。皇城村与皇城相府相依傍、相互影响、相互促进、相互拉动，给了我们更多的哲学启示，人们在品味文化的同时，更多的是品尝到了精神的富有和观念的超越。

第三节　电子商务与乡村旅游市场的融合发展

一、发展乡村旅游电子商务的基本条件

（一）乡村旅游业的发展

随着第三产业在世界范围内的高速发展，旅旅也已经连续几

年保持高增长，当前旅游业已经成为全球第一大产业。各国旅游专家认为，现在都市人最关心的是健康，喜欢到郊区体验纯朴、自然的生活情趣，这就决定了乡村旅游是一种朝阳产业。近年来，乡村旅游成为一种时尚，在我国也是一个热门话题。"吃农家饭、住农家屋、学农家活、享农家乐"，以亲近自然、享受蔬果采摘之乐的乡村旅游成了时尚之旅。

（二）电子商务的应用

我国电子商务的发展始于 20 世纪 90 年代初，近几年获得了迅速发展。截至 2019 年 6 月，中国网民规模达 8.54 亿，上半年共计新增网民 2 598 万人。互联网普及率为 61.2%，较 2018 年底提升 1.6 个百分点。其中农村网民规模达 2.25 亿，占整体网民的 26.3%，较 2018 年底增加 305 万人；城镇网民规模为 6.3 亿，占比达 73.7%，较 2018 年底增加 2 293 万。这些都为乡村旅游电子商务的发展创造了基本条件。由此可以看出，中国电子商务正由起步迈入繁荣阶段。

（三）现代消费观念的改变

随着经济发展和社会进步，人们的物质生活条件不断提高，这就导致人们的消费习惯和消费观念也发生了一定改变，这在旅游方面也有所体现。人们的行为习惯是，首先根据别人的推荐或者某种渠道信息，有了到某地旅游的想法，由于旅游的群体以年轻人或文化程度居高者居多，这类群体习惯于先上网查询自己想到的旅游目的地的相关情况，然后才开始旅游行动。

（四）信息化基础条件的改善

近年来，我国农村信息化基础建设取得实效，通信设施基本上做到了村村通，为乡村旅游企业发展电子商务提供了基础性保障。应该说，想旅游的顾客大多来自城市人群，上网更不成问题，乡村旅游目的地建设网站的通信条件也具备。

二、我国电子商务与乡村旅游市场的融合发展

（一）推进乡村旅游产业融合模式发展

1. 优化乡村旅游产业运营形式

实际上，市场优化就是市场供需的优化，通过解决市场的供需问题更好地实现资源配置。想要实现乡村旅游产业融合，就必须有效地优化乡村旅游产业运营模式，在过去很长一段时间，乡村旅游模式是独立发展的，与其他产业的互动性并不是很高，这就制约了乡村旅游产业与其他产业的融合。在产业融合之后，乡村各大产业将会逐步形成一个整体，一个产业的发展将会带动乡村旅游以及其他产业的发展，具体而言，优化乡村旅游产业运营模式对于乡村旅游产业融合模式的实现所带来的好处主要集中在以下两个方面。

第一，旅游信息化在乡村旅游发展建设过程中的作用不断强化，资源整合、信息共享、市场推广、现场促销、管理模式等都在发生着很大的改变。

第二，不同运营主体之间的优化组合，从单纯的农户单打独斗的模式，发展为农户、公司、合作社、政府、中介组织等相互之间的组合，可以看作不同优势资源的组合。

2. 优化乡村旅游需求市场模式

传统的乡村旅游市场营销实际上只是简单地向游客推销产品，虽然这种推销方式也是为了迎合游客的需求，但根本上是从乡村旅游的角度出发的，对于产业融合模式下的乡村旅游来说存在一定不契合。因此，对乡村旅游需求市场模式进行优化势在必行，这就要求乡村旅游地区在对旅游市场需求进行分析和整合时充分地将其他产业融入其中，创造出新的旅游产品，如将乡村的

房地产行业与旅游业结合在一起形成房产旅游、将乡村的手工业与旅游结合在一起形成会展旅游等。

3. 优化丰富乡村旅游产业形态

供给侧结构性改革是我国当前发展的重点，是经济发展的重要课题，这对于我国乡村旅游发展来说也具有重要意义。推动乡村旅游产业融合发展首先要做的就是丰富乡村旅游产业形态，否则乡村旅游产业融合也只是空谈。

第一，利用现代化信息技术对传统的乡村文化进行创新融合，将不同的乡村文化融合在一起并通过现代化信息技术表现出来，形成一种新的乡村旅游形态，即演艺旅游。

第二，将旅游资源作为载体表现其他产业，通过这种方式有效地丰富旅游资源外延，并可以在一定程度上扩大旅游产品的范畴。例如，传统的手工业生产工具与农业生产工具本不属于旅游业，但是可以将这些纳入旅游资源的范畴中，有针对性地开展手工生产体验与农耕体验的乡村旅游项目。

（二）推进"农产品＋旅游电商"模式发展

1. 农产品＋旅游电商模式的产生背景

对于线上旅游商家来说，不仅要吸引游客前来旅游，还要吸引他们留下来，在旅游景区吃喝玩乐一体化消费，让游客在景区购买旅游产品，以此提升旅游附加值，其中农产品就是最典型的一种乡村旅游产品。线上的农产品商家也不再将目光锁定在"卖货"二字，他们的目标是让消费者在吃好的同时，顺便玩个痛快。因此，"农产品＋旅游＋电商"模式应运而生。

2. 乡村旅游产品的开发原则

（1）坚持因地制宜

对于乡村旅游来说，一个关键就在于体现风土民情，因此在设计乡村旅游产品时必须遵循因地制宜原则，绝对不可以盲目地跟风模仿、移花接木甚至造假欺骗等，这样会导致乡村旅游产品失去原本的特色。一个好的乡村旅游产品总是以本地的旅游资源为基础，以独特的乡村生活表现为目标。因此，在对乡村旅游产品进行规划时要坚持因地制宜的原则，对本地的乡村旅游资源进行考察，寻找最佳的切入点。

以渔业资源比较丰富的乡村为例，在对乡村旅游产品进行规划时可以大致将乡村旅游产品分为以下三个阶段。

第一个阶段，利用本地丰富的渔业资源来为游客提供渔业景观观光、垂钓等项目，这些项目对于资金的要求较低，能够迅速地帮助旅游地积累大量的资金来用于后续阶段的开发。

第二个阶段，在该阶段资金相对有限，该地区应该充分利用自身的现有资源，将"原生态捕鱼"作为旅游口号，吸引游客与渔民一起居住和捕鱼，如此一来对于住宿等基础设施的要求就会下降。同时为游客提供自己制作海鲜食品的机会，让游客把自己捕获的鱼制作成各类海鲜食品，加强游客的体验感。

第三个阶段，经过前两个阶段的资金积累，该地区已经拥有相对充足的资金来进行大规模的开发，这个时候应当针对本地区的渔业资源与渔业文化打造休闲观光渔业游览区，依托原生态的岛屿、村落、礁石、滩涂等多元化地发展乡村旅游，如观海景、尝海鲜、踏海滩的休闲观光旅游、捕鱼拖虾的体验式旅游等。

当然，上面的举例只是针对某一类情况，仅适用于旅游资源丰富但资金相对不足的地区，如果资金本来就相对充足，那么就可以直接进入第三个阶段，从一开始就对乡村旅游进行系统科学的规划。如果缺少独特的资源，那么可以利用农村景观的生态性来开展保健养生旅游项目。总而言之，因地制宜地开发旅游产品是必要的，一味地模仿其他地区的成功案例只会起到适得其反的效果。

（2）坚持可持续发展

农村的生态环境实际上并不是完全的自然环境，而是一种半自然半人工生态环境，因此这种复合型生态环境相较于纯自然环境更脆弱,很容易受到外界破坏。从某种意义上说,乡村旅游对于农村生态环境的破坏是不可避免的,而我们要做的就是在规划乡村旅游产品时尽可能地对农村生态环境进行保护与改善,实现农村生态环境的可持续发展。具体来说,乡村旅游产品对农村生态环境的保护主要体现在以下两个方面。

第一,加强对农村自然生态环境的保护。这就要求乡村旅游产品不能以破坏自然景观为代价,如森林景观、草原景观等自然景观只能开发出观光型旅游产品,而开发体验型旅游产品则极易对这些景观造成不可修复的破坏。再比如在开发捕鱼等体验型产品时也要把握好尺度,避免大肆捕捞对渔业资源造成破坏等。

第二,加强对农村人文生态的保护。乡村人文生态主要是指各种历史文物,应该加强保护那些年代比较久远的历史文物,尽可能避免游客与这些文物的近距离接触,防止文物被破坏。近年来部分地区为了增加对游客的吸引力,将古建筑开发成宾馆,这种行为从长远的角度来看对于乡村旅游的发展弊大于利,虽然后期的维护与保养能够保证古建筑的形态,但是其历史风貌毫无疑问在逐步地消失。

（3）坚持生态和谐

开发和设计乡村旅游产品时必须坚持生态原则,只有这样才能实现乡村旅游发展与环境、资源的和谐共存与协调发展,也只有这样才能为消费者提供原生态的乡村旅游产品。所谓的生态原则,指的就是在开发设计乡村旅游产品时要尽可能地实现旅游产品与周边生物、自然环境相一致,避免人工雕琢的痕迹。一般来说,乡村旅游产品生态原则主要体现在基础设施的建设上。

虽然开展乡村旅游必须有乡村基础设施的支持,但建设这些基础设施必然会对自然环境造成一定影响,因此,在建设乡村基础设施时应该尽可能地遵循绿色建筑设计原则。例如,在建筑材料的选择上要尽可能地使用木材、毛竹、泥土等自然材料,而不是大量地使用钢筋混凝土;在安装水电设施时要充分利用太阳能、风能、沼气等再生能源,实现能源的节约与循环利用;在建筑设计上要利用设计手段来实现建筑的自然通风、自然降温、建材保温等；在建筑的外观上要与周边的自然环境相统一，避免突兀的建筑影响整体景观效果等。

（4）坚持市场导向

发展乡村旅游无疑是一个经济过程，因此在这个过程中应该坚持以市场为导向。从乡村的角度来看，发展乡村旅游的主要目的是推动本地的经济发展，因此乡村旅游产品规划的最终目的是使得旅游产品能够顺利进入市场，这种情况下乡村旅游产品的规划就要紧紧地把握市场的脉搏，坚持市场导向原则，深入地洞察游客的实际需求，针对性地开发出旅游产品。一般来说，乡村旅游产品开发坚持市场导向原则主要考虑以下两个问题。

第一，旅游业的发展趋势。在开发和设计乡村旅游产品时，应该掌握当前的旅游业发展趋势，因为这是产品开发的宏观市场环境。对于现代人而言，城市化进程不断加快带来的是人们对于自然生活的向往，这也是乡村旅游逐步兴起的根本原因。而乡村旅游产品开发就要充分地把握这一特点，避免在旅游产品中表现出太多的现代化工业痕迹，否则的话对于游客的吸引力就会大幅度下降。

第二，游客的行为特征。游客的行为特征反映了他们的潜在需求。例如，乡村旅游游客多以受过良好教育，经济条件较好的城市居民为主，这类游客的一个明显特点就是不仅追求美好的自然田园风光，更重视田园风光给自己带来的精神享受。这种情况下乡村旅游产品就要不断地增加产品的文化含量，避免停留在物质层面。再比如乡村旅游游客的群体特征是存在很大的差别的，有家庭式旅游、教育式旅游、老年休闲旅游、情侣观光旅游等，这就需要有针对性地开发出不同的旅游产品。

只有准确把握市场，才能开发出受到市场欢迎的乡村旅游产品。同样的，只有准确把握市场，才能把握乡村旅游发展趋势，才能促进自身的乡村旅游成功。

（5）坚持以人为本

游客是购买和使用乡村旅游产品的主体,因此在开发乡村旅游产品时必须坚持以人为本原则,只有这样才能保证产品被游客认可,被市场认可。这也就意味着旅游产品的设计必须站在旅游者的角度进行考量,主要体现在以下两个方面：一方面,旅游产品的内容设计要以人为本。市场上旅游产品众多,但是获得旅游者认可的旅游产品却寥寥无几,根本原因就在于旅游产品的设计过于理想化,或者说设计者在设计旅游产品时没有站在旅游者的角度进行考虑,忽视了旅游者对旅游产品的需求,从而出现了产品与需求背道而驰的现象。另一方面,旅游产品的表现形式与价格要以人为本,并不是越花哨越贵的旅游产品市场前景就越好,相反乡村旅游地区需要准确把握自身客源的经济收入,有针对性地制定出具有普适性的旅游产品价格。

（6）坚持产品整体性

坚持乡村旅游产品的整体性,是指在设计一款旅游产品时应该充分考虑这种产品与其他产品的互补性,以此保证乡村旅游不要出现明显短板。虽然说乡村旅游主题的侧重点不同,但是设计出的旅游产品最少要涵盖游客的衣、食、住、行、购物、娱乐六个层面。同时,不同的旅游产品也应当尽可能地根据旅游活动内容将观赏性、参与性、体验性、教育性等融合在一起。

（7）坚持产品差异性

不论设计什么产品都必须保证自身产品与其他同类产品存在差异性,这是在市场竞争中生存和获胜的关键,要做到人无我有、人有我优。对于乡村旅游而言,近年来随着乡村旅游的兴起,旅游市场上旅游产品的种类也逐渐丰富起来,这种情况下旅游产品的设计就要将产品的差异性原则作为切入点,开发出具有特色的旅游产品。在实践中,旅游产品的差异性原则主要表现在两个方面：一方面,时间的差异性,即率先进入某一个产品市场,以先行者的身份出现,迅速地占领市场,然后不断地进行创新,保持自己先行者的身份；另一方面,内容的差异性,即保证自己所推出的旅游产品具有不可复制性，这种不可复制性大多是通过技术要求、文化内涵等体现出来的。

（8）坚持产品参与性

随着人们生活水平的不断提高，旅游已经成为一种日常活动，人们旅游不仅仅为了满足一般性观光目的，而是更追求参与型的旅游活动。反馈到乡村旅游上，指的就是乡村旅游产品必须重视产品的参与性，简单地为游客提供参观服务是很难获得游客的认可的，而是要让游客在实践中亲自发掘旅游景观，获得精神上的享受。一般来说，乡村旅游的参与性大多是通过一些互动性活动项目体现出来的。例如，在开发乡村旅游娱乐项目时只是设计一下项目的规则，项目则由游客负责执行；在乡村手工业品上鼓励游客自主制造自己心中的工艺品；为游客提供亲自参与田园农耕劳动的机会等。

3. 农产品 + 旅游模式下的资源整合

乡村旅游的一个关键在于体现风土民情。一方水土养一方人，一方山水有一方风情，这也会体现在乡村旅游产品上，各地旅游产品都会融入当地景观和人文特色。对于农产品以及集吃住行乐于一体的旅游产品销售来说，多方的资源整合是不可或缺的。

（1）以门票为入口带动周边消费

此前，农产品和旅游是"各自为战"：卖特产的寂寞地卖着特产，卖风景的默默地卖着风景。然而近几年，农产品上线越来越多，在线旅游市场的产业链也愈加成熟，市场竞争越来越激烈。景区运营商不再满足于仅售卖门票与景区产品，尤其对于"一日游"这种短途旅游形式来说，可消费的东西太少了。

一些商家通过研究发现，可以利用景区门票带动周边消费，这种模式为旅游电商实现了利益最大化。一些旅游电商认为，最理想的消费状态是拉长旅游时间，即将"一日游"变成"两日游"甚至是"多日游"，其构想如图 5-1 所示。

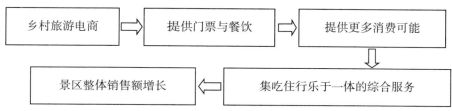

图 5-1　商家理想的消费状态

最初，景区运营商将景区产品进行打包销售，并与线下的特色餐饮结合，推出多种旅行套餐，玩转整合营销。

（2）以农特产旅游产品作为附带销售

对于乡村旅游景区来说，游客的吃住行是核心，推动农特产旅游产品的销售只是一种附带手段。一般来说，有两类人群最喜欢购买这类产品。一类是到当地旅游，希望买特产分给亲朋好友的游客；一类是多年在外漂泊，出于对家乡的思念购买产品的游子。

旅游电商所要解决的是第一种，为在景区游玩的游客提供农特产，并且当游客离开旅游地后，还可以通过旅游网站或线上店铺购买农特产。

（3）"乡村旅游＋农产品"模式具体实例

2016 年 4 月 2 日至 3 日，重庆市武隆县和顺镇开展以"走进武隆和顺，公益自驾行"为主题的"乡村旅游＋农产品"农村电商新模式的活动。活动宣传召集了 50 辆自驾车及 200 多名主城市民，走近武陵山深处，感受不一样的大美乡村。

本次活动是以乡村旅游扶贫、电商扶贫的形式开展的，让城市里的人到贫困村体验生活，一方面满足了游客的旅游需求，另一方面拉动了贫困村的经济。把城里人带到贫困村去体验消费，实现面对面交易和后备箱带走，贫困群众从中实现增收致富。

"扶危济困、乐善好施"是中华民族的优良传统，车友们带着爱心、带着真情来到武陵山，对和顺小学家庭困难的 86 个学生，献上最真挚的关爱。

游客在贫困村参与采竹笋、看风车、篝火晚会等活动，到大山深处的农家体验不一样的乡村生活。市民们还走进农户家中去购买当地的野鸡，而这些野鸡是靠自己去活捉，现场着实地上演了一场激烈的"人鸡大战"。

很多游客都带着孩子一起到山中农家体验生活。在山野里挖折耳根、折春芽、拔胡萝卜，借着清明踏春赏花的机会，让孩子走进农村，亲近田野，回归自然。同时，爱心市民也为乡村带去了特别的关爱和真情。

和顺镇打蕨村提前统计并集合了村里困难群众家中的农特产品，将七彩土鸡、干柴块腊肉、鲜竹笋、野生金银花等农特产品集中起来等待游客采购。而这些农产品也的确得到了游客的争相购买，仅在活动当日就实现了 5.3 万元销售额，为 87 户困难群众带去收益。

网上村庄相关负责人介绍，2015 年，首批在重庆市 13 个区县建立了 83 个电商扶贫"网上村庄"村级服务站（合作社），参与农户 6 004 户，其中建卡贫困户 2 548 户。2016 年，通过市场带动，激活农村沉淀资源，让广大农户在他最熟悉的领域就业。通过网上村庄扶贫电商平台的创业培训、辅导，为贫困村青年提供网上创业机会。

第六章　人力资本创新：加强新型职业农民培养

　　长期以来，"三农"问题始终是党和国家高度重视的重中之重的战略问题，国家连续印发"一号文件"，出台重要政策措施，不断推动"三农"发展。在"三农"发展中，开展农民继续教育工程，培育农村农业人才，则是一项基础性、战略性的智力支撑和组织保证。

　　中央早就明确提出："培养有文化、懂技术、会经营的新型农民"，2012 年又提出了"大力培育新型职业农民"的新任务。党的十八届三中全会，进一步强调农业现代化的关键是农民的现代化，关键在于培养数以亿计的新型农民、数以千万计的新型职业农民。可以说大力培育新型农民、特别是新型职业农民，是我国推进农业现代化、构建新型农业生产经营体系的重大举措，是着力解决农业现代化条件下"谁来种地、怎样种好地"问题，是建设现代化新农村、全面建成小康社会的战略选择。

　　农业农村部部长韩长赋说，未来种地要靠新型职业农民。新型职业农民不仅能种地，而且有能力把地种好！他们把资本、科技、机械等现代因素融入农业农村，实现农业的高质量、高效益、绿色化发展，带动乡村振兴。

第一节　新型职业农民的形成背景

一直以来我国都是一个以农业为主的国家，农民占总人口的绝大多数，基本上农村土地上生长的农民都是世代为农，但是随着改革开放的不断深化，市场经济大潮不断推进，我国出现了前所未有的人口大转移，一直以传统农业生产为主的农村劳力向城市转移，向第二、第三产业转移，大量的农民工涌向城市，导致农村农业劳动力出现短缺，在总量上明显不足，而且多数属于年老体弱者留守在生产第一线，这些劳动者劳动能力减弱，年龄偏大且多数文化素质都不高，劳动力结构出现失衡。据 2012 年的数据统计，当年我国的农民工数量达到 2.6 亿之多，而且每年还以近千万的数量在增长。这些转移出去的农民工多数都是"80 后"和"90 后"，基本上都是青壮年劳动力，而且一旦到城市发展，基本上都不愿意再回到农村从事农业生产。这些走出去的农村劳动力在城里安家落户，所生子女也基本上不会再回乡务农。"人走村空"已是多地农村的普遍现象，很多地方"老人农业""妇女农业""小学农业"现象也屡屡出现，这些现象已经给农业生产发出了严重的警示，未来农业生产的主体危机已经出现，是到了必须要引起重视并加以解决的时候了。

纵观世界各国的发展过程，农业劳动力短缺的危机在现代化的进程中都曾经遇到过，其对农村发展及社会的经济发展影响巨大，是一个永久的世界性课题。比如法国在解决这方面问题时采取的是"以工养农"的办法，科学引导剩余劳动力离土离乡；通过政策、制度调节，引导部分青壮年留在农村从事农业，政府出钱出力，对农民进行培训，然后再从事农业生产，在信息、技术、资金、政策等多方面对青年农民提供帮助和支持，确保这些从事农业生产的农民收入与城市中等工资水平拉齐，社会地位也明显提高。这样使从事农业生产的青年愿意以农业为终身事业，也能吸引其他青年加入到农民的队伍中来。通过政策和制度的保障,培养和稳定了农民队伍,确保农业的可持续发展。

国家审时度势,在 2012 年提出了培育新型职业农民的号召,意在解决我国农业劳动力出现的种种问题,解决未来我国农业发展中"谁来种地""地如何种"的问题,因为农业的发展决定粮食生产的稳定与安全,事关 13 亿人的吃饭问题,对于国民经济的稳定发展和社会的安定都有着重要的意义。新型职业农民的培育,要统筹农村劳动力转留,把富余劳动力有效转移出去,采取有力措施留下一批适应现代农业发展要求的农业劳动力;要加强农业后继者培养,确保农业后继有人;要重视农业劳动力教育培训,通过提升农业生产经营者素质,提高农业劳动生产率、资源利用率和土地产出率。

第二节　新型职业农民的基本内容

一、新型职业农民的概念

目前,我国的"农民"概念从广义上理解多指"农业人口",指的是"农业人口"的一种身份。1958 年以后,随着户籍制度的实施,我国开始将持有农村户口的农村人口统称为"农业人口",与此相对应的是"非农业人口"。"农民"即泛指"农业人口"。在这种定义下,在不同语境中的"农民"这一词汇往往不是一种职业含义,更多的是一种社会等级、个人身份、社会资源占有状况、生存状态社会组织形式,甚至是一种文化模式和社会心理结构,因此我们把这种按身份划分的农民称为"身份农民"。"身份农民"反映了我国二元社会结构的现状。户籍制度及其相关政策赋予农民的这一不公平的身份,是造成我国当前农民素质不高的重要原因。

新型职业农民是以农业为职业、具有相应的专业技能,收入主要来自农业生产经营并达到相当水平的现代农业从业者。新型职业农民是相对于传统农民和兼业农民而言的。在此概念提出之前，国家曾提出新型农民和职业农民的说法。新型农民是在2005年党的十六届五中全会中提出的，即为适应现代农业发展和建设社会主义新农村的需要，切实提高农民文化素质和技能水平，培养的有文化、懂技术、会经营的新型农民。新型农民强调的是时代性、现代性。职业农民强调的是农民职业属性，突出农民的专业特点。职业农民是为了区别身份概念的农民，是专门从事农业生产和经营的农业从业者。新型职业农民将新型农民和职业农民有机地结合起来，是适应我国农村劳动力结构变化和现代农业发展的新形势的需要，体现了农民从身份向职业的转变，从兼业向专业转变、从传统农业生产方式向现代农业生产经营方式转变的特点。

二、新型职业农民的分类

（一）生产型职业农民

生产型职业农民是指掌握一定的农业生产技术，有较丰富的农业生产经验，有一定的资金投入能力、收入主要来自农业的农业劳动力，直接从事园艺、鲜活食品、经济作物、创汇农业等附加值较高的农业生产的群体，如种植大户、养殖大户、加工大户等。

（二）技能型职业农民

技能型职业农民是指具有一定专业技能，在农民合作社、家庭农场、专业大户、农业企业等新型生产经营主体中较为稳定地从事农业劳动作业，并以此为主要收入来源的农业劳动力，主要是农业工人、农业雇员以及技术指导人员等。

（三）服务型职业农民

服务型职业农民是指掌握一定农业服务技能，服务于农业产前、产中和产后，并以此为主要收入来源的农业社会化服务人员，主要是农村信息员、农机服务人员、统防统治植保员、村级动物防疫员等农业社会化服务人员。

（四）经营型职业农民

经营型职业农民是指有资金或技术，掌握农业生产技术，有较强的农业生产经营管理经验，主要从事农业生产的经营管理工作的群体，主要包括农民专业合作社负责人、涉农企业领办人、家庭农场领办人等。

三、新兴职业农民的素质要求

（一）思想道德素质

思想素养包括人的人生观、价值观、世界观、社会观等。道德是以善恶为评价标准，以人的信念、社会舆论、传统风俗为评价尺度的人的行为规范的总和。道德素养是人们的道德认识和道德行为水平的综合反映，包含个人的道德修养和道德情操，体现着一个人的道德水平和道德风貌。

1. 思想素质要求

（1）正确的人生价值观

树立正确的人生价值观是衡量新型职业农民人生态度和人生价值的重要方面。从客观实际出发，采取科学求实的态度来想问题和办事情，认清人与自然、人与社会的关系，克服挥霍浪费、摆阔气、讲排场的不良风气，把个人致富与集体致富、勤劳致富与勤俭持家有机结合，抵制和反对拜金主义、享乐主义、极端个人主义,具有热爱农业、献身农业的良好品质。树立幸福、乐观的人生观,对人生抱有积极乐观的态度。

在新时期,新型职业农民的价值观应该是理性的,是用来评价自己合意的目标的准则,是对周遭社会存在的反映,要正确地对待金钱、权力、地位,正确处理理想与现实的关系。避免盲从、理性消费,量入为出、适度消费,以群体和社会的利益为中心,努力为农村的建设做出贡献,以实现自己的人生价值。社会主义新型职业农民应成为思想观念新、创新精神强、科技知识精、致富信息灵的新农村建设领跑者。

（2）较强的集体主义精神

集体主义是社会主义精神文明建设主旋律的重要组成部分。它凝聚着广大农民群众投身建设社会主义新农村的全部力量,是培育社会主义新型职业农民的基本要求。新型职业农民要能够认清社会主义制度的优越性,坚持共同富裕的发展方向,教育、引导周边广大农民群众发扬团结互助的集体主义精神,并能正确认识和处理国家、集体、个人三者之间的利益关系。认清国情,坚定社会主义信念,只有爱祖国、爱集体、爱新农村,才能在建设新农村精神的感召力下感受社会主义制度的优越性。

（3）较好的民主法制观

国家公民法律水平的高低,反映了国家法制化、民主化的程度。法律素质是指人们所具有的法律知识、法律意识以及自觉应用法律处理问题、解决问题的基本能力。它由法律知识、法律心理、法律观念、法律理论、法律信仰等要素构建而成。具有较强的民主法制观念,是新型职业农民的重要特征之一。在农村,建设民主法制事关农村经济发展和社会稳定,是社会主义新农村建设必不可少的重要工作。民主和法制能充分保障农民当家做主的权力,是农民合理表达自己意愿的有效方式。新型职业农民应是具有较好民主法制观念的农民,要积极参与农村基层民主法制建设,学法、知法、懂法、守法、普法,学会用法律武器保护自己的权益。

在民主方面,要依据国家的政策和法令以主人翁身份直接参与决策,参与管理农村社会生活领域的各项事务,从而树立起较强的民主意识和法制观念,养成良好的民主习惯。共同制定村规民约,具有较强的政治参与意识、自我表达意识、自我管理意识以及主人翁意识,积极主动地参与民主选举、民主决策、民主管理和民主监督,学会珍惜自己拥有的民主权利,通过合法途径表达自己的愿望和民主诉求,保障自身的民主权利。

在法制方面,树立法制观念,提高依法办事的能力。要以农村的实际情况为基础,做好普法宣传工作,使广大农民了解与自己的生产生活有关的法律法规,了解应有的权利和义务,做到正确行使权利,自觉履行义务,遵纪守法,提高维护社会稳定的自觉性。

（4）较强的市场竞争观和效率观

社会主义市场经济已经初步建立,并在逐步完善中。农村市场经济作为市场经济不可缺少的部分,正随着建设社会主义新农村的进程不断完善。改革开放40余年来,市场与市场经济已经逐渐深入我们的生活,农业活动也在其中。市场经济是竞争经济,竞争就必须按优胜劣汰的规律行事。

新型职业农民要适时打破与当前市场经济不相适应的传统小农经济,提升竞争能力和应变能力。新型职业农民应该树立与市场经济和社会化大生产相联系的竞争观和效率观,要适应市场经济发展的需要,农业生产必须以市场为导向,摆脱传统农业那种自给自足的生产状态,摆脱安于现状的小农意识和"重农轻商"的传统观念,掌握市场经济运作的规律,根据市场的需求,生产适销对路的产品。只有这样才能及时捕捉各种新的信息,随时掌握市场动态,对市场规模、需求情况、发展趋势等做出科学预测,按照市场需求组织生产,积极地参与市场竞争,从而更好地促进农业和农村经济的发展。

（5）敏锐的信息观、政策观和创新观

信息化时代,一个人的思想观念只有不断更新,才能与时俱进。观念决定着发展的思路,思路决定着发展的出路,出路决定能否在市场经济中致富。新型职业农民应当关心国家大事,了解党中央关于农村经济建设和发展方面的各项政策,真正理解社会主义新农村建设的宏伟蓝图。这些对于搞好生产、劳动致富具有重要的指导意义,只有了解了国家相关的农村政策,农民才能根据国家和社会的需求来计划自己的生产,把国家和社会的需要同自己的生产紧密结合起来,这样才能做到有的放矢。新型职业农民通过经常性的形势和政策的学习,联系国际形势、国家大局,能够正确地观察和分析形势,全面准确地理解党的政策。在形势好的时候看到问题,不盲目乐观;在遇到困难和挫折的时候,看到光明,不悲观失望。

2. 道德素质要求

（1）热爱农村,有主体责任意识

农业是国民经济的基础。马克思曾经说过:"农业劳动是一切其他劳动得以独立存在的自然基础和前提。"毛泽东同志也认为"农业关系国计民生极大"。他认为,农业生产是经济建设工作的第一位,"农业是轻工原料主要来源、农村是轻工业的主要市场","农村是重工业的重要市场之一","农业是积累的重要来源","在一定意义上可以说,农业就是工业"。我们的农民世世代代劳动、生息、繁衍在农村,从事着农业生产,他们依靠自己勤劳的双手发展生产、扩大经营、战胜灾害、克服困难,为国家提供了大量的粮食和农副产品,为工业的发展提供原料、劳动和资金积累,奉献社会,服务人民。因此,新型职业农民应该喜欢农村生活,热爱农村,了解中国农业的现状,并能认识到扎根农业、从事农业、干好农业是一项光荣而崇高的事业,从而树立发展农村经济的主人翁的责任感和事业心。

（2）诚实守信,恪守职业道德

诚实守信是对公民道德的基本要求,不仅是中华民族的传统美德,也是当代农民应具有的品质。应把职业农民的诚信教育摆在突出位置，作为新一轮农民职业道德教育的总要求，使诚信文化渗透农民工作、学习、生活的方方面面，增强全体农民的信用意识。尤其是在市场经济发展的今天，诚信显得更加重要。农业已从封闭落后的半自给自足的产品经济逐渐转向开放的、活跃的商品经济，职业农民的生产已不是主要为了满足自身需要的自给自足的生产，而是为了创造更多用来交换的商品。现代市场经济是交换的契约经济，更是诚信经济。在以诚信作为维系条件的市场经济中，应坚持货真价实、童叟无欺，不以次充好、掺杂使假、坑蒙拐骗，坚决制止、杜绝任何假冒伪劣商品。在经济往来中讲信用、重信誉，遵循市场交易既定的规则，恪守各种经济合同的约定，不违反各种经济原则，不偷税漏税，自觉依法维护农业市场经济的正常运行秩序。诚信是现代市场经济健康运转的不朽灵魂，诚实守信、恪守职业道德是市场经济条件下新型职业农民必须具备的道德素质。

（3）文明高尚、摒弃封建迷信思想

在社会生活中，新型职业农民要展现现代意识，具体体现在思想观念、精神风貌、移风易俗、民主选举、提高修养等方面。社会主义新农村的一个重要标志就是乡风文明，因此，要加强农村精神文明建设，净化社会风气，营造文明风尚，破除封建迷信思想，让健康、文明、科学的生活方式自觉融入家庭和农村社区中。可以通过在农村建立文化站、图书室，引导农民自觉抵制低级趣味、庸俗和迷信的活动，优化农村道德素质建设的外在环境。创造一个农民群众安居乐业、物质文化生活丰富多彩、邻里之间和睦相处的良好环境是建设社会主义新农村的重要目标，新型职业农民要在这一过程中发挥主导作用。新型职业农民应摒弃自给自足、墨守成规、循规蹈矩的生产生活方式，脱离对土地的严重依赖心理，树立创造新生活的愿望和勇气，重视农业科技创新，推进高产、高质、高效的农村农业经济模式。

（4）保护环境，有强烈的环保意识

当前，环境问题已成为全球人类关注的重要问题，环境保护的问题已经成为衡量一个人道德水平高低的重要尺度。保护环境，就要做到正确处理经济发展与保护环境二者之间的关系，深刻认识资源的有限性和环境污染的危害性，特别要意识到浪费资源、污染环境最终会殃及自己和子孙后代。我们当前进行的社会主义新农村建设就应该以科学发展观为指导，坚持可持续发展的原则。

新农村建设的要求中重点提到"村容整洁"，涵盖了农村生态环境建设的相关内容。伴随农业经济发展，要特别注重保护农村生态环境，树立环保意识。农业生产要依靠农业科学技术而非扩大种植面积的方式来增加产量，严禁大面积的森林砍伐；严禁过度放牧而导致草地被毁，丧失保持水土的功能；合理控制使用农药化肥，保持土地质量。农村生活方面要树立良好的生活习惯，不将生活垃圾直接扔到河边、村头、庄稼周围，保护农村水质与空气质量，禁止将污染型企业引入农村，加剧农村环境的恶化。

社会主义新型职业农民应当具有生态意识和绿色环保意识，要认识到保护自然环境、维护生态平衡是每个社会成员包括新型职业农民应尽的社会责任和道德义务。

（二）科学文化素质

科学素质是公民素质的重要组成部分。农民的科学素质通常是指其所具备的科学知识水平以及农民掌握和运用科学技术知识的能力。农民科学素质高低的主要标志是农民懂得专业科技知识的广度和深度、科技兴农意识的强弱、对科技知识的需求欲望大小等。

农民的文化素质一般是指其所具备的文化知识水平，反映农民接受文化知识教育的程度和掌握文化知识的多少，也包括农民的思想观念、情感意志、文化艺术素质等人文素质。一个国家或地区的农民文化素质状况，主要是采用农民接受文化知识教育的平均年限——文化程度指数来衡量。文化程度指数越高，说明接受文化知识教育的时间越长，所能达到的文化素质水平就越高。

同时,农民的文化素质还包括农民在生产生活实践中学习、磨炼、陶冶所形成的反映农民综合素质的、体现农民时代特征的精神品格和内在涵养,它的高低对社会主义新农村建设有重大影响。

(三)创业素质

1.农民创业的主要特点

农民作为社会主义市场经济的主体,在40余年的改革发展与创业创富的实践中已经呈现出多层次、多领域、多形式、多渠道创业的新格局,形成了一个庞大的创业群体。每个人的能力不一样、思想境界不一样、掌握的社会资源不一样,可以自主地选择适合自己的创业形式、创业领域和创业层次。

2.创业素质的构成

(1)创业意识

创业意识也可以称为创业理念,它是一个创业主体的人敢于去从事创业活动的思想基础。提高农民的创业意识就是要使广大农民群众懂得创业是创富的源泉,只有自主创业才能把自己的聪明才智转化为现实生产力,才能为自己赢得发展的前途和幸福的人生。同时,也要使广大农民群众意识到创业有风险,创业有艰辛,创业有曲折,只要敢于创业,就有可能获得创业的成功,也就是要树立敢想敢做敢为的创业意识,要有自信、自强、自立的创业观念,克服"等、靠、要"的思想和自卑消极畏难的情绪,要相信"有志者,事竞成",努力通过创业为自己创造美好的前途。

(2)创业精神

创业精神是指创业者的精神意志、人格特质。成功的创业者都有胜不骄、败不馁的精神气质。浙江的农民群众在发展乡镇企业和创业创富的过程中表现出来的想尽千方百计、历尽千辛万苦、走遍千山万水、说尽千言万语的"四千精神"就是比较形象的创业精神,后来在此基础上总结出来的勇于创新、坚韧不拔、自强不息、求真务实的"浙江精神"是浙江人民,特别是浙江农民群众创业精神的高度提炼和概括。

（3）创业经验

经验是人们经由实践活动对客观事物的直接了解，是在感性认识过程中形成的，是人与客观事物直接相互作用的结果。经验有直接经验和间接经验之分。创业经验一是要靠自己在创业的实践活动中去摸索积累，二是要通过向他人借鉴和在学习创业实践活动中获得。

（4）创业技能

创业知识与创业技能是创业的基本要素之一。在市场经济条件下，创业创富的机会无处不在，但创业的机会只会青睐有准备者。掌握创业的技能和知识是实现创业最重要的准备工作。作为创业的基本素质之一的创业技能和知识，主要是具备创业成功所需要的专业技术知识和能力、创业所需要的经营管理知识和法律知识、与社会各方面交往所需要的社会知识和交际能力等。

（四）礼仪素质

1. 礼仪素质的内涵

在社会主义新农村建设中，"乡风文明"的要求能否最终实现与提高农民的文明礼仪素质紧密相关。文明的农村、开放的农村、和谐的农村需要文明礼仪。礼仪是人们在社会交往和网络交往过程中形成的并得到共同认可的各种行为规范，它是人们在共同生活和相互交往中逐渐形成的，以一定的程序、方式来表现的律己、敬人的完整行为。它体现了一个国家、一个民族、一个地区的道德风尚和人们的精神面貌。礼仪随着人类社会的产生而产生，随着经济的发展、社会的进步而不断前进。礼仪象征着文明，是和粗野相对立的。衡量一个人的道德情操及文化涵养，礼仪是一个重要方面。礼仪是人际交往过程中外在的表现形式和规则的总和，是人类历史发展中一种重要的标尺。礼仪素质是指一个人在日常工作、生活和社会交际活动中，自觉遵守社会通行的礼仪准则的一种自控能力和文明素质。它的形成是人们根据一定的交际礼仪原则和规范自觉地进行学习和训练，最终使自己养成一种时时事事按礼仪要求待人接物的行为习惯的过程。

2. 文明礼仪的内容

（1）文明礼节

文明礼节是人们在交际过程中逐渐形成的约定俗成的和惯用的各种行为规范的总和。文明礼节是社会外在文明的组成部分，具有严格的礼仪性质。它反映着一定的道德原则内容，反映着对人对己的尊重，是人们心灵美的外化。文明礼节总体上体现了人对人的尊重和友谊，使人在交往过程中做到不卑不亢、彬彬有礼、和睦相处。

（2）文明仪表

仪表指人的外表形象。文明仪表是人在日常工作、生活中体现出来的具有文明素质的人的仪容、服饰、体态等。文明仪表属于美的外在因素，反映人的精神状态。文明仪表是一个人心灵美与外在美的和谐统一，美好纯正的仪表来自于高尚的道德品质，它和人的精神境界融为一体。文明仪表既是对他人的尊重，也是自尊、自重、自爱的表现。

（3）文明礼貌

文明礼貌是指人们在社会交往过程中所具有的良好的言谈和行为。它主要包括口头语言的礼貌、书面语言的礼貌、网络语言的礼貌、态度和行为举止的礼貌。文明礼貌是人的道德品质修养最简单、最直接的体现，也是人类文明行为最基本的要求。在现代社会，使用礼貌用语，态度和蔼，举止适度，尊重他人，已成为人们日常的行为规范。

（4）文明礼俗

文明礼俗即由传统的民俗礼仪延续至今并被人们广泛接受和通行的礼俗，它是文明礼仪中具有鲜明的地区、民族特色的一种特殊形式。文明礼俗是在历史上形成的，普及于社会和群体之中并根植于人们心里。不同国家、不同民族、不同地区在长期社会实践中形成了各具特色的风俗习惯。"十里不同风,百里不同俗",每一个民族、地区,甚至一个小小的村落都可能形成自己的风俗习惯。"入乡随俗"指的就是外来的人要尊重当地的风俗习惯,形成当地人所接受的文明礼俗。

第三节　新型职业农民的培育机制与途径

党的十九大提出实施乡村振兴战略。乡村振兴,产业兴旺是重点,人才支撑是关键。习近平总书记强调,要就地培养更多爱农业、懂技术、善经营的新型职业农民。新型职业农民是农民中的精英,是带动农民发展现代农业和致富奔小康的领头人,是实施乡村抓兴战略的生力军。"农业丰则基础强,农民富则国家盛,农村美则社会安"。进入 21 世纪以来,国家连续出台了有力的强农惠农富农政策,农业农村经济取得了举世瞩目的成就。与此同时,推进现代农业发展,迫切需要农业体制机制创新,迫切需要培育一批高素质的新型职业农民。

一、新型职业农民培育

2012 年,农业部在全国具有代表性的 100 个县开展了新型职业农民培育试点工作,并取得了初步成效。在此基础上,2014 年,农业部联合财政部正式启动实施新型职业农民培育工程,着力培养一支有文化、懂技术、会经营的新型职业农民队伍,为发展现代农业提供强有力的人才支撑。2017 年,农业部发布《"十三五"全国新型职业农民培育发展规划》,在政府政策的指引下,新型职业农民培训规模不断扩大,财政投入力度持续增加,培育了一大批新型职业农民。

（一）构建新型职业农民队伍

以服务现代农业产业发展和促进农业从业者职业化为导向，着力培养和构建一支有文化、懂技术、会经营的新型职业农民队伍，为发展现代农业提供强有力的人才支撑。

（二）探索建立培育制度

适应现代农业发展要求，建立适合我国国情的新型职业农民培育制度，通过教育培训提高职业农民综合素质和生产经营水平，通过规范管理引导农民走上职业化发展道路，通过政策支持提高职业农民自我发展能力。

（三）建立健全培育体系

充分发挥各级农业广播电视学校的作用，创新运行机制，统筹利用好农业职业院校、农技推广服务机构、农业高校、科研院所等公益性教育培训资源，并积极引导农民合作社、农业企业、农业园区等社会化教育培训资源参与培育工作，构建新型职业农民培育体系。

二、加强农民继续教育的管理

（一）基地管理

目前，我国开展农民培训的基地层次多、种类多，既有教育部门、农林部门、人力资源和社会保障部门举办的，又有社会力量举办的。针对农民开展的培训，既有不同层次的学历教育，又有不同等级的职业培训。因此，我们必须按照实事求是、服从需求、坚持标准的原则，对各类办学机构进行分类管理。

1. 中等教育层面基地管理

（1）中等学历教育类型

据农业部固定观察点抽样调查显示，我国农业劳动力年龄主要集中在 40 岁以上，占全部从事农业生产人数的 75.9%，平均年龄接近 50 岁，部分地区甚至达到 55 岁以上。据有关资料显示，在全国 4.9 亿农村劳动力中，高中及以上文化程度的只占 13%，初中文化程度的占 49%，小学及小学以下文化程度的占 38%，其中不识字或识字很少的占 7%。鉴于我国农村劳动力的现有文化知识结构呈初中及以下学历者占多数的现状，很多地区开展农民继续教育，还须从初等或中等文化知识的补偿教育起步。

一是小学后学历延伸教育（初中文化知识的补偿教育）。目前，在一些农村经济和教育欠发达地区，在基本扫除青壮年文盲后，将农村成人教育的重点放在了小学后的学历延伸教育（初中补偿教育）一般情况下，这项工作是通过教育部门举办的乡镇成人文化技术学校协调当地中小学和乡村来组织实施的。这种由当地义务教育段全日制学校提供师资和教材，借用全日制学校的校舍或在村民学校组班开展教学的方法，既是农村成人教育的传统方式，又受群众欢迎。在长期实践中，这种小学后学历延伸教育（初中文化知识的补偿教育）的方式，较少在办学资质的认定上引起争议。

二是初中后学历延伸教育（中职或成人高中的文化知识补偿教育）。从全国各地的实践来看，开展对农村人群初中后的学历延伸教育，主要途径是成人高中学历教育、中职学历补偿教育，或者是与职业技能培训相结合的"学历＋技能"成人高中"双证制"教育。这种类型的办学主体一般是中等职业学校或乡镇成人文化技术学校。

（2）办学资质管理

第一，中等职业学校的资质管理。现在，国家鼓励广大中等职业学校从"离农"转型为"向农"，让已务农的农民"回炉"职业学校,培养职业农民,无疑为中等职业学校赋予了历史重任。通常来看,各地中等职业学校面向成人,尤其是面向农民开展中等职业教育,都是采取结合职业技能的培训进行的。这对于全日制中等职业学校来说,办学资质应该不成问题。需要强调的是,中等职业学校开展农民继续教育或新型职业农民培育,并开展相应的学历教育,也须经过严格的资质审核。由此说明,中等职业学校开展新型职业农民中等职业教育或农民继续教育,在专业设置、师资配置、教学条件配套等方面,都应达到相应的资质条件,并得到主管部门的许可。

第二,乡镇成人文化技术学校的资质管理。乡镇成人文化技术学校是在 20 世纪 80 年代我国农村经济体制改革和农村教育体制改革中应运而生的农民学校。乡镇成人文化技术学校一般由乡镇政府举办和管理,专职管理人员和教师一般由教育行政部门派遣,成人教育业务也在上级教育行政部门的指导下开展,这类学校通常称作教育系统的乡镇成人文化技术学校。目前,全国各地的乡镇成人文化技术学校办学条件参差不齐,学校规格、建制标准和办学层次也不尽相同。因此,不同办学条件不同建制标准的乡镇成人文化技术学校,其办学资质也是不同的,如上海、江苏、浙江等经济发达省份,乡镇农村成人文化技术学校有的是按高级中学建制标准设立的,这些学校举办成人高中学历教育的资质毋庸置疑。但很多地区的乡镇成人文化技术学校,即使是教育部门举办的,由于受办学条件限制,多数不具备高中阶段学历教育办学资质。这些学校大多基础设施和办学条件比较简陋,没有专门的师资,办学经费投入少,学校运转比较困难。有的仅有一两名管理人员,没有固定的校舍,还在乡镇政府院内办公。

（3）加强乡镇成人文化技术学校基础能力建设

乡镇成人文化技术学校是农村成人教育基础,可以说是农民继续教育的生力军。农民继续教育不是短期的阶段性任务,而是发展现代农业、建设新农村的长期任务。

第一,建设标准化的乡镇成人文化技术学校。全面推进乡镇成人文化技术学校的标准化建设是推动农民继续教育的治本之举。以浙江省为例，为全面推进成人继续教育，完善农村成人继续教育网络，从 2006 年开始，在全省实施成人继续教育推进工程，其内容涉及乡镇成人文化技术学校标准化建设、新型农民素质培训示范基地建设、成人"双证制"教育培训、农村预备劳动力职业技能培训、成人继续教育网络课程和精品教材开发等七个方面。

第二，建设高标准的乡镇成人文化技术学校。开展标准化的乡镇成人文化技术学校建设是面向全体成校的一项基本要求，建设高标准的乡镇成人文化技术学校则是打造龙头性、高端化农村成校的示范性工程。一般而言，建设高标准、示范性的乡镇成人文化技术学校，应在提升内涵、扩大辐射上起示范引领作用。其示范性一是体现在新型职业农民培养和终身学习的理念上；二是体现在学校办学体制机制的突破和创新上；三是体现在所开展的教育服务的质量效益上。通过建设高标准的乡镇成人文化技术学校，从而在农村形成一批办学水平高、设施先进、成效显著、特色鲜明，具有典型示范作用的现代化、骨干性乡镇成人学校，使其成为促进当地现代农业发展、提高农民综合素质和生活品质的教育培训中心、资源建设中心和农民学习中心。

第三，建设农村成人教育集团化学校。可以以中等职业学校为依托，建设乡镇成人学校集群。以中等职业学校为依托，联合乡镇成人文化技术学校，形成办学网络，是近阶段开展农民继续教育的有效措施之一。这种模式的前提条件是中等职业学校要有统一的专业教学标准，有专门的师资条件，有统一的课程实施方案，并有统一的考试考核等认证条件。乡镇成人文化技术学校作为中等职业学校的教学点，负责学员的招生工作和教学班的日常管理。否则，不具备成人高中学历教育认证条件的乡镇成人文化技术学校独立开展新型职业农民中等职业教育或农民继续教育，其资质和质量都会受到社会的质疑。

第四，推动农村成人学校的格式化办学。对于不具备高中学历教育资质的农村成人学校,可在上级教育行政部门的整体规划下开展学历教育的格式化办学,即由省或地(市)教育行政部门统一确定学习项目的课程和标准,统一提供教材,统一组织考试,统一进行学习认证。其中,各地乡镇成人文化技术学校只是在统一的规划下组织生源、组织教学活动,完成相应的教学任务,浙江省实施的"双证制"教育培训便是一例。

2. 高等教育层面的基本建设

培育新型职业农民与农业高校的发展是相辅相成和互相促进的。

涉农高等院校与农业、农村和农民有着天然的联系,是农业教育的龙头,应该也必须成为农民继续教育的龙头。

(1)构建涉农高校农民继续教育体系

新型农民培训,不仅要着眼于对现有农业生产者的生产经营能力培训,更要着眼于对农民继承者的培育,高等农业院校应该根据自己的人才优势、学科优势和科研优势,从新型农民的本质和内涵出发,分层次、多方位构建农民继续教育体系。具体来说要做到:整合学科专业,构建农民继续教育体系,着眼于对"未来农民"的培养;整合资源,构建农民继续教育的职业培训体系。

(2)创新培训方式

一是高校集中授课和基层培训相结合,方便农民。在校授课好处很多,如教学条件更好,教师授课更方便,学员脱离原有的生产生活环境,能专心地投入培训,还可以更好地利用和挖掘高校的教育资源等,但是对很多学员的生产和生活也造成了不便。到县或乡镇设立课堂,能更好地方便农民,使更多的农户接受培训。

二是课堂讲授和现场指导相结合,融理论与实践为一体,解决农民在生产经营中的实际问题。高校的课堂讲授往往偏重于知识的普及和观念的转变,但缺乏针对性。到农业生产第一现场进行指导和培训,更能发现农民生产经营中存在的问题,为农民提出直接的有针对性的指导建议,培训的效果将会更好。

三是面对面交流与远程交流相结合，随时随地为农民生产经营中遇到的问题答疑解惑。要充分利用高校的远程教育和培训平台，建立农民培训的远程跟踪机制，对农民生产经营中遇到的各种问题进行追踪，确保培训的连续性和持续性。

四是将高校的教学科研和社会实践活动与农民培训工作相结合，形成高校和农业生产第一线的良好互动。可通过加强对大学生村官培训，使其更好地利用自身知识和资源为农业生产近距离服务；可通过大学生下乡、走基层活动展开农民培训，使农科类大学生学以致用；可通过高校科研示范基地和生产教学实习基地建设对农民开展现场培训等。

（3）加强教材建设

第一，专业标准建设。专业教学标准是开展专业教学的基本文件，是明确培养目标和规格、组织实施教学、规范教学管理、加强专业建设、开发教材和学习资源的基本依据，是评估教育教学质量的主要标尺，同时也是社会选人用人的重要参考。涉农高校应牵头组织相关学校与当地农业技术专家相结合，遵循实用性、标准化原则，编制出符合新型职业农民培育特点的专业教学标准，并组织对专业教学标准的学习、研究和实施工作。同时，积极总结教学改革的经验，及时组织开展师资培训和教研活动，促进教师转变教育教学观念，提高运用专业教学标准的能力。

第二，培训教材建设。涉农高校应积极鼓励和组织专业教师与当地农业技术专家相结合，遵循实用性、通俗性原则，编制出符合农民学习特点的创业培训教材、岗位技能培训教材以及农业生产实用技术培训教材。这类培训教材应强调理论联系实际，突出实践环节，语言通俗易懂，注重培训对象实际操作能力的形成和提高。同时，考虑到现阶段农民的文化程度参差不齐，并且普遍偏低，所以应该既有文字教材，也要有声像教材，文字教材最好能图文并茂，以使不同文化程度的培训对象也能学习到相关知识。

（二）教学管理

1. 教学计划编制

教学计划（即人才培养方案）是服务于人才培养模式，实现人才培养目标，保证人才培养质量的纲领性文件，也是人才培养模式的载体，是统领整个教学活动的进程表，一经确立，所有教学活动都必须服从教学计划安排。实施新型职业农民培育工程，必须编制相应的教学计划，这是构建和实施农民继续教育模式的基础性环节。根据《中等职业学校新型职业农民培养方案试行》所确定的课程类型和课程要求，制订新型职业农民中等职业教育或继续教育的教学计划，都必须充分考虑农业教育的特点和"学历＋技能"人才培养模式的特点。

（1）工学结合原则

一是要积极服务与农业生产劳动和社会实践相结合的学习模式，把工学结合作为教学计划设计的重要切入点，带动专业教学标准建设，引导课程设置、教学内容和教学方法改革。二是重点考虑教学过程的实践性、开放性和职业性，与农业、农业企业和新农村的社会需求相匹配，重视职业素质的培养。三是根据农业生产的季节、流程设计教学计划，安排好相应的实验、实训、实习等关键环节。

（2）互动性原则

农业行业的职业特点不同于其他行业，一是农业生产周期长，受气候环境、地理位置、土壤状况以及病虫害等影响比较大，很多因素是不可控的，影响农业生产的因素往往是综合起作用的，是比较复杂的；二是农业行业职业分化程度比较低，工种划分比较模糊；三是农业产业附加值低，农业企业规模不平衡，经营不稳定。因此，农民继续教育过程中，要充分考虑教学活动的安排与农业农时的互动结合，即应根据学员生产经营实际和农时季节特点组织教学，上课作息时间要符合农民生产生活规律，理论教学与实践教学交替进行,农忙时多实践指导生产,农闲时多安排理论教学。

（3）一致性原则

一是制订教学计划要重视学员的理论教学、校内学习与实践教学、实际工作的一致性,校内成绩考核与实践环节考核相结合,探索理论教学与实践教学的一体化。二是积极开发和制订相关标准,服务于订单培养,服务于工学交替、任务驱动、项目导向、顶岗实习等有利于增强学员能力的教学模式,努力提高教学质量。三是以职业农民的身份,加强对学员的生产实习和社会实践管理,保证理论教学学时数与实践教学学时数的比例达到（1∶1）~（1∶2）。

2. 教学大纲编制

课程教学大纲是教学的基本文件之一,具有重要的指导作用。制定课程教学大纲时,要遵循以下原则。

（1）一致性原则

课程教学大纲要准确体现教学计划中对人才培养的规格要求,符合农民继续教育的教学目标、培养规格对教学内容的基本要求。同时,各门课程的教学大纲都要服从课程结构和教学计划的整体要求,相同课程在不同专业的教学计划中应根据各自课程结构的要求有所区别。

（2）成人性原则

突出成人教育特点,构建以学习为中心的教学大纲。组织编写教学大纲,首先应紧扣成人教育人才培养模式,在制定编写教学大纲的指导意见中提出切合成人教育教学实际的规范要求。特别是要以人为本、更新观念,在具体内容、形式上融入对成人学员的教学要求、学习内容,如遵循农业生产规律,与农时季节紧密结合,遵守理论学习与实践教学、自主学习相结合的基本原则。成人教育形式多样,应因学时不同,授课内容的广度、深度不同,在教学方式上有所不同,如强调对自主学习的指导,提供更多的综合信息,增加学习资料、学习方式、日常作业、成绩评定等项目。

（3）评价性原则

每门课程都要有相应的知识、能力和职业素质测试标准与考核方法。这样既能帮助教师按照教学大纲实施教学,努力提高教学质量,又为新型职业农民的评价与认证提供客观依据。

（4）前瞻性原则

课程教学大纲应较好地反映本课程在现代农业发展中的先进成果及其发展趋势,充分体现现代性、职业性,并为学员终身发展打好基础、留出空间。

（5）动态性原则

随着科学技术、社会经济和现代农业的不断发展,农民继续教育的人才培养方案会适当调整。随着人才培养目标的变化,课程教学大纲也要适时调整、更新,以充分体现其在教学中的规范和指导作用。因此,必须利用教学大纲编制系统,对课程教学大纲实施动态管理,及时修订,以确保教学大纲的适应性。

（6）必需、够用原则

课程教学大纲既要明确本课程在教学计划中的地位、作用和任务,又要符合职业能力分析和行动导向的要求,课程内容的选取、深度与广度的把握,都要以"必需、够用"为度。技术课要加强针对性、实践性,强调技术应用能力的形成和职业素质的养成。特别是对于实践教学课程,教学大纲要明确具体的基本结构与内容:一是实践课程的性质、目的与任务,指出本课程实践环节的具体实际训练内容,应掌握哪些基本操作和技能。二是实践课程教学的基本要求应按应知、应会、掌握三个层次写明实践课程的主要内容和要求。

第七章 绿色创新：选择新型农业发展模式

改造传统农业,发展现代农业,实现农业现代化,是全党全国人民的共识。走中国特色农业现代化道路,是党的重大战略抉择,全国各地积极探索、大胆实践,丰富了中国特色农业现代化建设内容,积累了有益的实践经验。以绿色创新为抓手,发展新型农业,推进农业现代化进程的创新之举和广泛实践,是现代农业发展理论的一个创新,具有重要的实践意义。

第一节 适应可持续发展需要，推进农业现代化

一、农业现代化的基本内容

（一）可持续发展化

可持续发展是现代农业的基本特征和重要内容,这是人类社会永续发展的基础要求,是社会发展对现代农业提出了必然要求。农业生产在满足人类发展的基本要求的基础上,还需要维护良好的农业生态环境,要适度开发和利用自然资源以保证一直有足够的农业资源,从而推动农业的不断发展。与传统农业不同,现代农业强调农业的可持续发展,通过协调人口、资源和环境的关系,建立人类社会和自然环境之间的和谐关系,解决农业资源过度使用和自然环境遭到破坏的问题,建立人口、资源和环境的良性互动机制;现代农业强调保护和治理农业生态环境,强调发

展节约型农业、高效型农业。也就是说，现代农业强调一方面要发展农业经济，另一方面要保护自然环境，以此实现农业资源和农业生态环境的永续利用。

人口规模大是我国的基本国情，长期以来我国在农业领域的投入水平低，并且大部分为粗放式经营，而且小规模经营是最常见的经营模式。相较于发达国家，我国在农业劳动生产率、人均粮食占有量、人均农业产值等各个方面都存在很大差距。民以食为天，粮食安全关系重大，解决好吃饭问题是头等大事，否则，工业化、城镇化乃至整个经济社会发展都将难以持续进行。因此，必须把农业可持续发展放在突出地位，将保障农产品供给、增加农民收入、促进可持续发展作为推进农业现代化的首要目标，使经济增长与环境质量改善实现协调发展，顺利实现农业现代化。

（二）农业产业化

在市场经济条件下，农业产业化经营是必然发展趋势，是农业现代化发展的重要内容。随着农业越来越多地应用先进技术，其向专业化和协作方向发展，逐渐开始企业化、一体化经营管理。现代农业会通过利益或产权等联结农业再生产的各个环节，使农业再生产的产前、产中、产后构成一个完整的产业体系，使农业生产各个环节成为具有紧密联系的经济利益共同体。同时，现代农业积极应用现代生产手段和技术，使农业发展突破了原有瓶颈，加强了产销、部门间、产业间的联系。农业现代化发展，通过农业公司、农业合作社带农户（家庭农场）等生产组织形式，加强了农产品的生产、加工、销售等各个环节，实现了农业经营管理一体化，同时加强了农业与工业、商业等各个行业的有机融合，加强了产业间合作，促进城乡协调发展，在很大程度上延伸了农业产业链，可以说农业现代化开创了农业发展新格局，即农业专业化生产、企业化经营、社会化服务的发展格局。

截至 2017 年年末，我国的乡村人口为 57 661 万人，占总人口数量的 41.48%。[①] 大量农村居民仍然在家庭联产承包责任制下，我国农业生产方式依然是以落后分散的小农经济为主体，与市场进行有效衔接非常困难，加之长期进行小农生产的农民逐渐形成小农意识，对实现农业现代化造成了制约。因此，推进农业产业化首先要使一部分农民成为专业化的生产经营者，建立多元化的产业形态和多功能的产业体系；同时大力发展农业专业合作社，发挥农民合作社的桥梁作用，在产前、产中、产后服务方面逐步实现社会化，使我国农业基本形成贸工农紧密衔接、产供销融为一体的产业化经营格局，使第一产业中的畜牧业、水产养殖业、园艺业、林果业等成为相对独立的大产业，二、三产业逐步向第一产业渗透和融合，逐步成为农村经济的新产业。就各地农业发展的实际情况而言，东部地区利用资本和管理优势，率先推进农工贸、产加销一体化经营，形成多元化产业；中西部地区大多采取以农户为基础，以龙头企业、合作组织或中介组织为依托，以经济效益为中心的农业发展路线，尤其是粮食主产区，重在引导分散的农户由小生产变为社会化大生产的组织形式，把农业再生产的产前、产中、产后各环节联结为一个完整的产业系统。

（三）科学技术化

农业现代化的一个重要标志就是对科学技术的应用，因此农业科学技术化是农业现代化的一个重要内容。所谓农业生产科学技术化，是指把先进的科学技术广泛应用于农业，即将先进科技不断注入农业，不断提高科技进步对农业总产值增长贡献率的过程。虽然我国农业现代化建设已经取得了一定成果，但仍处于传统农业向现代农业加快转变的时期。2016 年底我国耕地总面积为 134 920.9 千公顷[②]，2017 年新增耕地灌溉面积 109 万公顷，

---

① 中华人民共和国 2017 年国民经济和社会发展统计公报 [EB/OL].http：//www.stats.gov.cn/tjsj/zxfb/201802/t20180228_1585631.html.
② 2017 年中国统计年鉴 [EB/OL].http：//www.stats.gov.cn/tjsj/ndsj/2017/indexch.htm.

新增高效节水灌溉面积 144 万公顷[1]。2017 年,全年粮食种植面积 11 222 万公顷,比上年减少 81 万公顷。但是,全年粮食产量 61 791 万吨,比上年增加 166 万吨,增产 0.3%。[2]虽然我国粮食产量伴随科技投入稳定增加,但因为受到国际市场的冲击,需要产出更多的农产品稳定价格,确保国民经济平稳发展。因此,为确保国家的粮食安全和人民生活的改善,提高土地产出水平和劳动生产率刻不容缓,重点要解决的问题是提高农业的科技化水平。

随着农业发展,必须重视科技兴农,要利用现代科学技术促进农业现代化发展,选择合适的农业技术路线,必须充分考虑我国的具体情况和特点。首先,农业科学技术的选择要因地制宜,量力而行。对于种植业生产的农产品,由于生产面广而分散,加上各地自然经济条件与发展水平差别很大,要考虑地区的适应性:水地品种不可照搬于旱地,平川品种不可照搬于山区。其次,就实施周期来说,在选择农业技术时,要有长远规划、短期计划、当年安排,从早着手。既要有大面积推广的技术,有示范、试验的技术,还要有国外引进的技术,形成一个合理的技术阶梯;此外,农业技术的选择要考虑到农业生产的不稳定性。农业生产受自然环境影响大,有很多不确定因素。这就使农业技术在推广应用之后要承担一定风险,在选择农业技术时要坚持多次多点重复试验和示范。最后,采用节约土地型技术运用的同时,适当选择能提高工效的农业技术,如设施农业技术、节水农业技术、农业机械化技术等,促进农业专业化生产和农村劳动力的结构性转移,大幅提高农业劳动生产率。

---

[1]　中华人民共和国 2017 年国民经济和社会发展统计公报 [EB/OL].http://www.stats.gov.cn/tjsj/zxfb/201802/t20180228_1585631.html.

[2]　中华人民共和国 2017 年国民经济和社会发展统计公报 [EB/OL].http://www.stats.gov.cn/tjsj/zxfb/201802/t20180228_1585631.html.

（四）劳动者高素质化

农业劳动者为农业发展提供基础力量，是最基础也是最具活力的农业生产力，因此提高农业劳动者素质是促进农业现代化发展的重要途径。尤其是在知识经济时代，劳动者素质与农业现代化之间存在重要联系。提高农业劳动者的素质，就是通过培训和教育等方式丰富他们的现代文化、科技素质和经营管理知识，只有这样才能使他们充分发挥自身在农业生产经营过程中的作用，才能及时把握市场变化，选择最适合自身特点和优势的生产与经营项目，才能以此为基础提高农业劳动生产率、土地生产率和农业综合生产能力。此外，提高农业劳动者的素质，有利于农业生产工具的创新，高素质劳动者可以更好地在农业生产经营中运用科学技术，吸纳先进管理经验，采纳先进经营体制，促进农业增长方式的转变。农业现代化强调以人为本，提高农业劳动者素质符合这个要求。提高农业劳动者的文化素质和科技素质，可以为农业现代化提供可靠保障。

与发达国家相比，我国农民素质普遍偏低，这不利于我国农业的现代化发展。因此，我们必须开展农民职能教育培训，培养造就一大批新型农民，推进农业现代化建设必须提高农业劳动者的科技文化素质，这是一项基础性工作，也是一项必须持之以恒推进的艰巨历史任务。这就要求我们从思想意识的高度加强对农民素质提高的重视，加大农村基础教育投入，不仅要对农业劳动者进行培训和教育，还应该为农业发展积极储备后备劳动力资源，从根本上提高农业劳动者教育培训的水平和质量。要采取多种形式加强农业劳动者的培训，提高他们的科学技术水平，增强他们的科学文化意识。同时正确引导社会各领域的教育资源，使它们可以充分发挥作用，统筹规划、降低成本，开展有效有序的教育培训，并逐步建立起政府、用人单位、农民个人共同分担的农村劳动力培训投入机制。加强高素质农民培育是一项复杂而艰巨的系统工程，需要采取多方面的有力措施。具体领域包括农村义务教育、农业职业教育、农业技术推广培训、农村实用技术培训等。

（五）农业机械化

在传统农业中，生产工具比较单一，并且很多劳动需要农民手动完成。但是农业现代化可以实现农业机械化，也就是运用先进设备代替人力的手工劳动，这些设备可以运用于农业生产经营过程中的各个环节，通过机械代替人力有效地改善了农业生产经营条件，农业生产技术水平的提到有效促进了农业经济效益和生态效益的提高。现代工业发展为农业发展造成了一定影响，农业生产各个环节开始运用农业机械，大大提高了农业劳动生产率，这也是农业人口向城市转移的一个重要原因。可以说，生产机械化是农业现代化的基础和最重要的标准，国家经济社会发展要求农业必须推进机械化，机械化是现代农业的标志和重要技术支撑。

改革开放以来，我国经济社会不断发展，大力推进工业化、城镇化、现代化发展。在这样的发展背景下，农业机械化在农业发展中起到了重要作用，具有十分重要的地位。结合我国国情的特殊性，要充分发挥农业技术创新的优势，大力发展农业机械化，既要提高农业劳动生产率与农产品的技术含量和品质，又要考虑到农业劳动力的逐步转移。总之，在采用先进技术和加大农业机械投入的同时，应充分考虑到我国劳动力资源优势，处理好技术、资本、人力三者之间的关系，走出一条技术进步与劳动资源优势相结合的具有中国特色的农业机械化道路。

（六）农业服务社会化

近年来，我国在工业化、城镇化方面获得了一定成果，并处于持续发展过程中，这对我国的要素转移产生了一定影响，也就是说在市场机制的作用下，资金、土地、人才等要素快速向城市集聚。我国的二元经济结构对城乡协调发展造成了一定阻碍，这种经济结构导致大量公共服务集中在城市，农村发展严重滞后于城市,农民承担较重经济负担,农业生产缺少资金和技术的支持,农村基础设施建设和社会事业发展与城市相比存在较大差距。因此,解决城乡发展不均衡的问题必须深化体制改革,要根据实际需要转变各级政府机构和有关事业单位职能,突破二元经济结构在农村发展方面的体制机制制约,为农村发展积极提供技术、资金、信息等各个方面的支持,同时还应该加强对农业的正确引导和宏观调控。近年来,我国对农业政策逐步进行了调整,为农民走向市场、农业向市场经济转变发挥了重要作用。一是形成一些专门为农业服务的合作组织和中介组织,这些组织大多属于专业化经营机构,具有较强的社会服务功能,由它们对农业生产开展产前、产中、产后服务,对农民进行技术普及与指导、教育培训、法律援助等服务,解决单家独户难以解决的问题。二是积极稳妥地改革财政体制,加快公共财政覆盖农村的进程。进一步调整国民收入分配和财政支出结构,增加卫生、文化、教育等领域的财政投入,将资金主要用于农村建设和发展,着力解决农村居民面临的实际问题,为他们创设更好的生活条件,提高生活水平。三是强化金融机构支持,加强新型农村金融组织的培育和发展。加强对民间金融的统筹引导,强化农业政策性银行功能,建立健全农业保险体系。同时,还应该加强农村信用社的管理,构建合理的产权制度和治理结构,提高农村金融机构运行效率和经营效益,加强农村金融机构的风险防范能力和水平,加强农村金融支持,提供更好的农村金融服务。四是均等化基本公共服务,巩固农村免费义务教育成果,扩大新型农村合作医疗制度覆盖面,完善农村养老保险制度,提高扶贫标准和扶贫开发水平,逐步建立覆盖城乡的公共文化服务体系。

（七）城乡一体化

随着经济社会发展,城乡一体化是一种必然发展趋势,这意味着社会和国家发展进入了一个全新阶段。城乡一体化是社会主义现代化建设的必由之路,推进城乡一体化实际上就是推进城乡居民的生产方式、生活方式和居住方式随着生产力水平提高而转变，城乡一体化体现为城乡人口、技术、资本、资源等各要素的相互融合，是逐步实现城乡均衡发展，实现城乡经济、社会、文化等各个领域的协调发展的过程。农业现代化、工业化、城镇化相辅相成、互为条件，是相互促进、共同发展的过程。推进农业现代化发展，突破了传统农业以初级农产品原料生产为主的生产模式，丰富了农业的内涵，延长了农业产业链，推动农业产业链一体化，加强了农村一、二、三产业融合，缩小了城乡发展差距，这是促进城乡融合发展，逐步实现城乡经济社会一体化的必要途径。我国的二元经济结构决定了我国农业发展相对滞后于其他产业发展，农村发展相对滞后于城市发展，我国农业和农村发展长期滞后，这种经济结构严重影响了经济社会管理体制的发展和创新，并且导致了农村生产要素持续流失。因此，为了缩小城乡差距，推动城乡一体化战略实施，实现农业现代化发展，必须制定并实施工业反哺农业、城市支持农村的战略，只有这样才能有效改善和解决农业农村发展面临的严峻问题。

改革开放以来，我国为了在短期内实现经济增长，采取了"让一部分人先富起来"的发展战略，这就导致了我国城乡发展不平衡的情况。随着工业化、城镇化水平的不断提高，为了改善社会经济发展不平衡的情况，逐渐形成了具有中国特色的以工促农、以城带乡的长效机制，这意味着我国在城乡统筹领域实现了重要发展。尤其是在党的十六大召开后，党和政府将城乡统筹作为重要任务，大力推进农村农业发展，建立了中央财政对粮食主产县乡和产粮大县的奖励补偿机制，为农民提供各种直接生产性补贴，并要求各级政府要转变建设重点，将农村作为建设和发展各项基础设施建设和社会事业的重点，加强对农民工合法权益的保护，通过制定各种政策和制度保证他们得到公正公平的对待。在这样的发展背景下，有条件的地区已经将统筹城乡作为其发展的一项基本性原则，大力推进农村基础设施和公共服务建设，加强农村三次产业融合发展，建设小城镇，并且放开农村劳动力进城就业的政策制度，加强农村社会保障制度的建设和完善。十九大上提出了"实施乡村振兴战略"，指出要"促进农村一二三产业融合发展，支持和鼓励农民就业创业，拓宽增收渠道"[①]。这些都体现了各地在城乡统筹、和谐发展要求的前提下，正在努力实现农业现代化的道路上前进。

二、农业现代化的特征

（一）世界性

判断一个国家是否已经实现了农业现代化，并不是将一个国家的农业技术水平、经济水平等与自身过去的情况进行对比得到结果，而是应该将该国在这些方面的实际情况与已经实现了现代化的大多数国家相比较。只有在经济上、技术上赶上或接近世界先进水平时，才算实现或基本实现了农业现代化。实现传统农业向现代农业的转变，是世界农业发展的必然规律。

1. 农业现代化是生产力发展的必然结果

生产力是生产方式中最活跃、最能动的因素，它的发展具有连续性，处在不断的发展变化中。发达国家在实现工业化之后，有能力加大对农业的投入，生产大量先进的农用生产资料来装备农业，促进农业现代化的实现。而农业自身的发展，也要求实现这种转变。

2. 农业现代化是国民经济不断发展的客观要求

第二次世界大战以来，西方经济发达国家随着工业和整个国民经济的迅速发展，首先面临的是劳动力的不足，这促进了农业中机械的广泛应用与推广，以便节省劳动力并及时向非农业部门转移。农机、化肥、农药等农用生产资料和其他工业品也需要农

---

① 习近平在中国共产党第十九次全国代表大会上的报告 [EB/OL].http：//cpc.people.com.cn/n1/2017/1028/c64094-29613660.html.

业和农村这个广阔市场。国民经济的发展和人民生活水平的提高也要求农业提供更多更好的农产品。这一切,传统农业是无法满足的,必须要求实现传统农业向现代农业的转变。

（二）历史性

从本质上来说,农业现代化实际上就是农业生产力逐渐升级,从低级到高级、从量变到质变的过程。现代农业是现代工业和现代科学技术广泛应用于农业以后才出现的。它既是绝对的,又是相对的。就目前而言,现代农业是指具有当代世界先进水平的科学化、机械化、社会化的农业。但科学技术是不断向前发展的,随着时间的推移,现代农业的具体内容也会不断变化。

（三）综合性

农业生产是一个复杂的系统,是由自然环境—生物—人类社会组织而成的。农业现代化既要实现农业生产手段的现代化,又要实现农业生产经营管理的现代化和农民的现代化;既要注重农业生产过程的现代化,又要注重农业与产前、产后部门的整体现代化和协调;既要注重提高当代农业生产水平,又要注重环境的改善、资源的永续利用和农业的可持续发展;既要注重农业的现代化,又要注重农村的全面进步和城乡的协调发展等。

（四）动态性

首先,农业现代化是从以直接经验和手工工具为基础的传统农业转变为以现代科学技术、生产手段和经营管理方法为基础的现代农业的过程。农业科学技术的发展及其在农业生产中的应用是这一过程的主要内容。没有现代物质装备的应用,农业生产条件只能是传统的。随着现代科学技术的发展,农业中现代物质装备的内容将不断更新,装备水平将不断提高。其次,农业现代化是农业商品化进一步发展的过程。在这一过程中,不仅农业的最终产品成为商品,各种涉农的中间产品、劳务和消费品及其他农业生产要素也成为农业市场交换主体,农业生产和农民的生活消费都实现商品化,从而使现代农业与第二、第三产业构成了高度市场化的现代经济体系。最后,在农业现代化的进程中,农业现代化的整体水平将不断提高。

三、农业现代化的发展战略

(一)农业现代化的战略目标

1. 构建友好的生态环境

随着农业现代化的推进,农业集约水平也将逐步提高,必然会对环境造成更大的压力,而环境的好坏决定着农业能否可持续发展。中国农业资源约束偏紧,环境污染严重,生态系统退化,发展与人口资源环境之间的矛盾日益突出,已成为经济社会可持续发展的重大瓶颈制约,因而农业现代化必须维持一个良好的生态环境。

2. 实现农村发展和农民富裕

农业现代化必须使农民日益富裕起来,使农民的物质生活和文化生活不断改善,达到较富裕的水平。为此,农业现代化建设必须同建设富裕文明的新农村结合起来,全面地发展农村经济,增加农民的收入,提高农民的文化水平,不断地缩小城乡差别和工农差别。

3. 构建健康的农业竞争市场

随着人口的增长和人们生活水平的提高,社会对农产品的需求量将不断增长,对质的要求将越来越高,而农民增加农产品供给、提高农产品质量都是为了经济收益,因此三者必须结合起来,即建成一个高产、优质、高效的农业。在中国加入 WTO 以后,随着农产品贸易自由化的推进,中国的农业将面临越来越激烈的国际竞争,因此中国农业现代化的推进必须有利于农业国际市场竞争力的提高。

(二)农业现代化的实践模式

从大体上看,农业现代化的基本内容和特征基本一致,但是不同国家由于自身自然条件、经济条件各不相同,因此采取不同的农业现代化发展模式,其道路和方法是有区别的,归纳起来主要有以下三种类型。

1. 欧洲型

英国、法国、意大利等国家采取的是欧洲型农业现代化发展模式,这种实践模式的主要特点为同步发展机械技术、生物技术和栽培技术等,提高劳动生产率和土地生产率并重。这类国家介于以上两者之间,工业相对发达,既缺乏劳动力,耕地也不多。这些国家的农业现代化是把生产手段现代化和生物技术、栽培技术等的运用放在同等重要的地位,使农业劳动生产率和土地生产率同步提高。例如法国,第二次世界大战后的 40 年时间里,法国实现了传统农业向现代农业的成功转变,成为世界上农业最发达的国家之一,探索并走出了一条机械技术与生物技术等措施并行发展的农业现代化之路。在促进土地适当集中方面,法国政府鼓励农户转产转业并实现联合经营,如为 55 岁以上的农民一次性发放"离农终身补贴",鼓励达到或接近退休年龄的农场主退出土地;为提升土地经营规模,政府规定农场继承权只能赋予农场主的配偶或有继承权的一个子女。同时,推出税收优惠政策,鼓励父子农场、兄弟农场以土地入股,联合经营。在促进机械化发展方面,通过补贴等方式鼓励农户使用现代化农机设备,并鼓励农户组建农机装备合作社,提高农业机械装备使用的规模与效率。

2. 日本型

日本、荷兰等国家采取的是日本型农业现代化实践模式,这种模式选择有限发展生物、化学技术,采取适当方法提高土地生产率，以此为基础促进农业的现代化。日本、荷兰这样的国家具有自然资源匮乏、人口多土地面积小、劳动力充裕的特征。在推进农业现代化的过程中，最初遇到的问题是人多地少，耕地面积小导致农产品无法充分满足市场需要，解决这个问题的方法就是提高单产以增加农产品总产量，满足人们的生活生产需要。因此，这些国家推进农业现代化会将重点放在技术创新和发展上，大力推进生物技术和化学技术提高农作物产量，同时还会大力兴修水利，开展合理栽培，有效提高有限土地的生产率，在此基础上发展机械化，实现生产手段的现代化。

3. 美国型

美国、加拿大等国家采取的是这种农业现代化实践模式，这种模式的主要特点是主张有限发展机械技术，通过这种方式提高农业劳动生产率，以此实现农业现代化目标。这些国家土地面积大，人口少，这就导致人均土地面积较大，而农业生产没有充足的劳动力。因此，这些国家在发展农业现代化的过程中，首先会大力发展和应用机械技术，实现生产手段的现代化，以此弥补其劳动力不足的问题，提高能也劳动生产率。随着机械技术的广泛应用，机械代替人力，解决了农业发展存在的基础问题，此后就要将农业现代化重点转向生物、化学等技术措施的推广应用，以此进一步提高农作物产量。

可以看出，不同国家由于自身实际情况不同会选择不同的农业现代化发展模式，但即使农业现代化的具体模式不同，但这个发展过程仍然存在一定共同之处，这主要表现在以下几个方面。第一，农业现代化注重科研、教育、推广有机结合，重视智力投资。不论各国的基本农业情况如何，都会积极开展农业科研、教育和技术推广工作，并建立健全相应的制度体系，从技术层面推动农业发展。第二，农业现代化往往都是农、林、牧、渔业共同向现代化推进的，这种推进方式有利于保持生态平衡。各国吸收了现代化初期阶段过分依赖外部物质能量投入，大量的能源消耗对自然环境造成了严重破坏,这就需要各国必须重视绿色发展,加强对自然资源的保护和合理利用,加强水土保持,发展林业,提高森林覆盖率。第三,对于各国来说,科学有效的政策、法律等都是推进农业现代化的重要保障,因此各国都会根据本国情况制定一系列的政策、法律等,同时各国还会加大对农业的财政投入,为其提供财政支持。

(三)中国农业现代化发展战略

1.农业科技产业化战略

现代农业的一个主要特征就是普及应用现代科学技术,在推进农业现代化的过程中,有机地结合农业生产活动与农业科研、农业技术开发推广,积极地将农业科研成果应用于实践,形成符合农业发展需要的产品、技术,或者通过这些科研成果有效促进农业新产业的形成,可以在很大程度上推动农业产业化进程。以市场需求为导向,以科技成果为内容,以产品研发、技术研发、市场开发和生产能力开发为手段,实现农业运行机制的转变,推进农业科技成果转化为生产力。农业科技成果的产业化又反作用于农业科技、教育,以更高的要求推进高水平的人才和科技成果的产出,进而使农业科技教育得到较大提升。农业科技成果产业化有科研开发经营型、进入企业集团型、科企联合型和科技企业型几种模式,在其产业化的过程中,现有的科研机构将实现多元化的发展。

实际上,农业企业并不单纯的是农业科技的受体,同时它也是实现农业科技产业化的主体。以企业为主体和处于企业之中的科研机构的科研成果实现物化、商品化,这将进一步推进农业科技产业化。

想要实现农业科技产业化,就需要企业充分发挥自身作用。就当前的农业科技发展来说,即使是处于企业中的科研机构实际上也只是省略了农业科技产业化的很多中间环节,但是对于农业科技产业化的过程而言，其仍然是一连串经济行为组合和对接的繁杂过程。各级政府、开发园区、经济开发组织和大企业作为企业孵化器的主办单位，各孵化器不尽相同。农业科技产业化的小企业通常寄于经济开发组织、开发园区的企业和政府创办的企业创新之中：大企业的孵化器是其企业内部的农业科技产业化项目。

为了促进农业科技产业化，还应该积极运用现代科技装备农业，这是推动农业现代化的重要途径。农业科技具有公共物品的特性，对于国家而言，要实现农业科技成果顺利转化为生产力，实现传统农业向现代农业的转变，就必须为农业科技的研发、创新、推广提供全面的保障。在加入 WTO 的大背景下，对我国农产品质量、品种、安全等方面要求更高，农业及农村所承受的竞争压力逐步增大。对农技推广人员而言，要想对其知识、技术的结构进行调整，就必须加大对基层农业管理人员、现有农技人员、农业大户的教育和培训。要建立多元化农业投入体系，尤其是引导和支持私人部门（农户、农业企业）对农业科研、推广服务的投资，可以以技术供给成本为对象建立补偿政策，通过技术交易市场化、企业内部创新等手段。促进技术创新激励机制的形成。与此同时，以资本运作来建立农业风险投资机制。鉴于农业技术尤其是高新技术某些不确定因素的存在，因而要从制度上成立农业高新技术产业发展的融资担保资金，为农业高新技术的发展提供风险担保，其来源主要为政府拨款、定向募集、金融保险和社会捐赠。

此外，实施农业科技产业化战略，还需要有相应的配套政策为其提供支持，这就要求我们构建并完善有效发挥作用的配套政策体系。（1）税收优惠政策。经过省级部门认定的自主研发新产品和新品种，可减免相关所得税、增值税及附加税。（2）农业技术推广补贴政策。由于农业技术、农业推广服务存在公共物品性，对农业推广做出显著贡献的企业、个人、科研单位等可得到政府相关补贴。（3）农业知识产权的管理和保护。依据《中华人民共和国科学技术进步法》和《农作物新品种保护条例》，对农业科技产业化过程中的市场行为进行规范。使农业科技创新者的合法权益得到切实的保护。通过相关法律宣传、培训、普及工作的开展,指引知识产权管理制度在农业科研单位、企业和高校构建和完善。（4）农业科技人员技术入股。农业科技人员可以在科研机构转制为股份制企业时,以技术要素入股,并参与收益分配。

2. 土地资本化战略

土地是农业的最基本要素之一,是农业发展的基础性生产资料。土地是固定的、有限的,这决定了土地资源使用的局限性。当前,土地制度也具有局限性,主要表现在以下两个方面:在土地产权方面,由于其产权的不明晰,不利于生产方式做出调整,直接对农民的利益造成了损害;在土地分配方面,不能进行规模经营。土地产权不清晰和土地资本化无法实现是农村土地制度安排最根本的局限,不仅不利于现代农业的发展、农业经营效益的提升,而且导致农民深陷相对贫困的尴尬境遇。所以,对土地制度进行进一步的革新,是实现土地资本化、农业现代化和提升农业生产水平的有效途径。

（1）农民所有

推进农业现代化,进行土地制度改革,首先就要实现土地的农民所有,也就是指要让农民拥有土地所有权,从而实现真正意义上的"耕者有其田"。事实证明,完整的产权具备极高的经济效益。农业现代化的问题不仅能够得到解决,土地经营者或农民的短期行为也能够克服;农业生态环境的改善,水土流失的治理,农业和农村生态的可持续发展可以得到实现。然而这种制度变迁和改革所遇到的阻力也很大,需要与之相应的改革和配套举措。

（2）永佃制

"永佃制"也可以称为"田底权",是指农民虽然可以使用土地,但是国家或集体才是土地最终所有权的所有者,可以单独转让土地又不对"田面权"造成影响。"田面权"是指农民可以永久使用土地,可以进行出租、转让或者继承。"永佃制"的最大优势就是稳定的产权界定,创造实现土地资本化的有利条件。"永佃制"的改革在当前的土地制度下进行较为容易。但它仍然是不完善的土地产权制度,存在现行土地制度中的一些弊端会陆续出现。因而,一系列的配套改革也必须在"永佃制"改革时实行。

第一,建立健全土地流转机制。

实践证明,单个农户小规模耕作的生产方式不能让农业获得集约化、规模化经营的效益,也不能较大幅度地提高农业生产效率。土地经营权流转权限的明确规定,使得土地这一生产资料的组合得到很大程度的优化,推动了高效率、适度规模的农业生产方式的实现。土地经营权流转的主体包括原始出让人、原始受让人、再转让人和再受让人。以法律的形式对土地经营权流转程序和流转主体的权利、义务进行界定,这是顺利实现农村土地经营权流转的保证。同时对于流转机制而言,应该提升其效率,使流转成本降低。因而,政府部门应该积极地引导和建立流转服务机构,提供一些专门化的服务,如土地经营权法律文书、价值评估、公证等,来推进土地流转的顺利实现。

第二,建立健全家庭承包责任制。

家庭承包责任制要实现由行政化转向法制化的轨道,地方政府的行为就必须通过立法进行约束和规范。农户的切身利益和地位得到法制保护,使得产权界定更清晰、权责利关系更对称,因此,资源配置效率、制度经济绩效在产权缺乏的背景下仍然能得到提高。

3. 农业合作组织化战略

对于我国来说,农业现代化的过程出现了很多组织创新形式,在实践中,相较于美国模式,日本模式和欧洲模式更具借鉴意义和价值。在农业现代化的进程中,农业经济合作组织发挥了关键功能。欧洲作为世界合作社的起源地,历经百年实践,使得农业合作经济组织渗入其农村经济的各个区域。

农业现代化是现代农业发展的并经之路和关键内容,通过农业现代化过程可以看出农业进步的过程。在宏观层面,农业现代化将极大地提升农业土地产出率和农业劳动生产率,削减对自然资源的依赖性,使一国农产品供给能力和人们日益增长的食品需求、工业快速发展的需要相适应,为国家全面现代化的实现创造了必要条件;在微观层面,以家庭农场、公司农场和合作农场为经营的主体,将在农业现代化过程中,以经营现代商品农业、提升农产品市场竞争力为手段来获取利润,增加收益。

4. 农业剩余劳动力市民化战略

（1）深化户籍制度改革,推进农民的市民化

我国的农业土地面积大,由于我国实行二元户籍制度和人口政策,导致以这些农业土地为基础存在大量农业人口。在部分自然环境差、土壤贫瘠的地方,大量的农业人口也无法从当地流出,从而致使自然资源条件、农业生产环境和农民的生存状况都进一步恶化,农业的生产经营效益、土地产出能力也不断下降。同样,大量的农业人口会阻碍一些自然资源条件较好地方的农业规模经营,农民的收益不断降低。因而,要想过多农业劳动力从农村地区流出,为城镇居民到农村创业营造条件,就必须使农民市民化,这样就可以为流入农村地区的技术人员提供保障,使他们可以自由地流回大中城市,即"来回自由"。对于从事农业劳动的人来说,实现农民的市民化是农民从事农业以外劳动的重要制度保障,只有进行户籍制度改革,才能使农业在真正意义上成为社会分工中的一类行业,不再是公民自由流动的枷锁。在不断努力下,可以为大中城市城乡一体化户籍管理制度改革提供良好的前提条件,从而推进制度改革的全面进行。对于农村居民来说,只有全面推进城乡户籍制度改革,才能让他们真正意义上获得与城市居民一样的发展机会,才可以有效地促进社会公平。

（2）正确处理城乡人口双向流动,推进城乡工业一体化

第一,推进乡镇一级财政上移。

应该将乡镇一级的财权和事权上收至县级财政。在事权和财权不断上移的同时,应对乡镇一级政府部门进行改革,势必将其打造成县一级的派出机构,如裁员、删减重叠机构等。县级财政体制的重建和巩固必须依据财权、事权相对称的原则进行。根据这些举措,使管理农业的成本不断下降,将过度榨取农民和农业剩余价值的体制温床移除。在我国经济实力不断加强的背景下,农业为工业进行资本积累的功能将不断弱化,并应转变国家财政分配对城市偏斜的趋势,要不断地提升国家财政向农业的支出总量和支出比重,推进农业生产资料和农民生产环境的不断改善,帮助农业产业结构的不断调整,使城乡差距不断缩减。

第二,推进资本市场化改革。

我国需要积极引导国有商业银行以及非国有银行进入农村拓展金融业务,支持这些银行在农村设立营业机构,开展存贷款活动。依据市场化的原则,国家应该适度对农村企业贷款利率的浮动范畴进行放松。与此同时,积极寻求符合农村企业特征的操作程序和经营管理的制度,来鼓舞和帮助农民或城镇居民在农村地区大力发展一些劳动密集型的产业和农产品加工业。还应该对外资企业、城市企业到农村投资实行一些优惠政策,使它们投资于农村的劳动密集型产业和农产品加工业。

第三,推进城乡分割体制改革。

城乡分割是我国城乡发展不平衡的重要原因之一,同时还严重阻碍了我国农业现代化推进。我们应该推进城乡分割体制改革,将城乡分开的"就地转化"政策转化为以"异地转化"为主、"异地转化"和"就地转化"相结合的政策。依据人口城市化内涵进行推测,农村劳动力"就地城镇化"与"异地转移城镇化"相比,效果不显著。"异地转化"的农村人口尽管不能立刻斩断与农村的关系,但是他们毕竟身处大城市,不断受到城市生活方式的影响,因而农村对他们的影响将被不断削弱。我国大部分城市有必要也有能力吸收农村剩余劳动力,却受制于很低的城市化水平、低城市规模和未完全发挥的城市积聚功能和规模效应。要想进一步推动城市的发展,城乡统一是必然趋势和要求。因而,政府应该采取以向大中城市"异地转化"为主,"异地转化"和"就地转化"相结合的政策。

第二节　发展绿色农业，建设美丽乡村

十九大报告把生态文明和绿色发展放到了国家战略的高度,中国要建立健全绿色低碳循环发展的经济体系,而农业作为我国经济体系的重要组成部分,绿色农业产业链发展正当其时。同时,发展绿色农业,是资源配置市场化的需要,也是中国农业产业化的基本要求,更是中国农业现代化的必然选择。建设美丽乡村,需要转变发展理念,更加尊重自然生态的发展规律,保护和利用好生态环境。农村的水常绿、山长青,农村的产业经济才有更为广阔的发展空间和潜力。绿色理念是农业新发展理念,十九大报告强调,必须树立和践行绿水青山就是金山银山的理念,坚持节约资源和保护环境的基本国策,像对待生命一样对待生态环境,形成绿色发展方式和生活方式,坚定走生产发展、生活富裕、生态良好的文明发展道路,建设美丽中国。

一、建设美丽乡村,进行合理的空间规划

(一)美丽乡村空间规划的要求

近年来,随着社会进步和经济增长,农村居民的生活水平不断提高,在这样的背景下,农村居民对生活居住、生产工作、游憩休闲等环境的追求也日益增长。因此,对于乡村空间,要做到科学合理的规划引导,让村民确实享受到社会经济发展带来的成果,让农村成为安居乐业的美丽家园。

1. 构建清晰科学的经济空间体系

传统乡村的生存和发展依靠农业，农产品种植、家禽家畜养殖是农村的主要经济活动。一般而言，村庄外围多为耕地菜地、养殖水塘等空间，同时家家户户的住宅还附带猪圈牛棚鸡窝等家禽家畜的养殖设施，构成自给自足的生活模式。

为了实现经济快速增长，我国在很长一段时间内将建设重点放在城市，这就导致对农村的关注及投入相对欠缺，再加上农村地区受本身地域广、人口素质低等因素的限制，大部分农村的经济发展异常缓慢。改革开放初期，我国开始实行了家庭联产承包责任制，导致了现在农村的整体经济格局仍以分散的小农经济为主，农民的劳作仍处于整个社会生产链条的最低端，缺乏附加值。

当前，农业农村改革和发展已经成为我国的一个建设重点，基于习近平总书记提出的乡村振兴战略，中共中央国务院颁布了《关于实施乡村振兴战略的意见》，文件明确提出：乡村经济要多元化发展，要培育一批家庭工场、手工作坊、乡村车间，鼓励在乡村地区兴办环境友好型企业，实现乡村经济多元化，提供更多就业岗位，满足村民就地工作需要。

2. 打造适宜生活和工作的聚落空间

改革开放推动我国社会、经济、文化等各个方面的高速发展，农村经济也在这个过程中获得了长足发展。经济发展和人口增长，乡村各项建设的规模不断扩大，尤其是住宅建设的规模增长巨大，这种增长规模超过历史上任何时期。大部分村庄在一定程度上向外扩张了一定的规模，同时村庄内部也发生着解体和重构。越来越多的农村劳动力进城务工，享受到现代化的城市生活环境，农民回归农村后，其对美好生活的追求并没有消失，越来越多的现代化家具家电等进入农家。

农村居民以村庄为主要聚集区，这一聚集区包含了区域内的民宅、聚落及周围环境等。相较于城市住宅，农村民宅具有独特的功能特点，城市住宅属于消费性的商品，是住户通过商业手段

（大部分是购买形式）得到用于居住的场所,而农村住宅则具有居住与劳作的双重属性。首先,农民在得到住宅的途径上,往往是自己参与建设的全过程;其次,从功能上讲,农村住宅不仅要满足包括起居饮食在内的生活居住功能,同时也为农民的生产经营提供便利,因而农宅往往具有较大的储藏空间、家务院、晒台等配套空间;最后,从生活的方式上讲,由于农村的经济水平有限,社会提供的各类综合服务不完善,如村民需自家或多家配置水井以满足生活用水的需要。当前,随着部分农村经济水平向城市接近,随着村镇的城市化和农民生活方式的改变,一部分农宅开始向消费型过渡,这些现象在城市近郊区比较突出。

因此,必须围绕乡村的自身特点进行乡村规划,以此为基础才可以设计出符合农民生活生产要求的建筑,营造宜居宜业的空间,同时要考虑房屋建造的经济性、非商业性和可变性。

对于农村居民而言,民宅建造是一项十分耗费财力的工程,他们需要承担巨大的经济负担,农村住宅的造价水平直接依赖于农民个体家庭的经济收入情况。尽管近年来农村经济有了飞速发展,但由于起点低,低造价依然是农宅建造的一个广泛前提,面积、材料、工艺都要受到造价的约束。

农村民宅和城市住宅所处的环境不同,住房政策也有所区别,其具有十分显著的非商业性。农村宅基地是作为一项国家福利,由政府批给村民的,而土地使用权的转让一般只允许在本村的小范围内进行。由此,农民通常会自己动手建房,雇用少量本地的劳力,基本上全程参与到住宅的建设过程中。住宅建成后为农民自用,很少出现转卖现象;随着一户一宅等政策的实施,农村住宅买卖现象将更少发生。

一般情况下,农村居民会在民宅建成后长久居住,其家庭成员会在未来的十几年甚至几十年都生活在该民宅内,所以农村民宅必须具有足够的可变性来适应家庭结构的变化,农宅通常运用最单纯的空间结构来适应不同的使用。

3. 构建并完善农村服务设施

近年来，我国大力推进农村基础服务设施建设，但从整体上看仍与城市的服务设施建设差距较大，无法满足农村居民最基本的服务需求。根据相关部门的调查显示，当前农村居民最关心、最需要的基本公共服务，包括基本医疗卫生、义务教育、公共基础设施、最低生活保障、农技支持、就业服务、生态环境保护、社会治安、金融支持等，其中对公共基本医疗卫生、义务教育最为关注。农民自身的诉求也非常强烈，大量调研结果表明，村镇公共服务设施亟待改善，在部分村庄，对公共服务设施的需求大大超出了对给排水、采暖等基础设施的需求。

相较于城市的公共服务设施，乡村在数量和质量方面都存在较大差距，严重滞后于社会经济发展水平及村民的实际需要。许多公共服务设施在部分农村地区相当缺乏，一些偏远的村庄甚至根本没有设置基本的、必要的公共服务设施，部分村庄内的公共服务设施用地、用房等得不到落实，存在租用民宅或和其他设施混用的现象，这些都给村民的生活造成很多不便。

随着村民素质及意识等各方面的提高，对公共服务设施的需求和渴望程度也逐步提高，普遍希望享受到和城市居民一样完善便利的公共服务设施。

4. 提高社会组织的服务质量和效率

我国农村在工业化和城镇化不断推进的背景下进一步深化改革，国家层面制定并实施了各项支农、惠农政策，并且还在不断扩充政策涵盖，可以看出，近年来我国农村社会发展水平及服务水平不断提高。同时，由于农村社会结构、农业经营体系以及农民思想观念等的变化，对乡村治理及社会服务提出了更高的要求。乡村社会组织的高效服务能力，对于确保农村社会和谐稳定、农民群众安居乐业、城乡协调发展具有重要的意义。

传统农村处于相对封闭的空间中，与外界的交流很少，而在城乡一体化不断推进的背景下，打破这种封闭的农村社会格局成为必然选择和必然结果，只有这样才能实现城乡人口流动速度加快，才能推动农村的生活生产方式、农民的思想价值观念逐步转变，才能推进农民产生并增强其法治意识，这同时也催生了利益需求日益多元化，各种利益诉求不断出现。

为此，各级政府及社会阶层需要从群众的切身利益出发，通过构建预防和化解社会矛盾的体系，积极拓展农民利益表达渠道，积极提升农村社会治理服务水平，推进农村社会治理主体多元化，在强化党组织和政府自身建设的同时发挥社会组织的协同作用、提高农民社会治理组织化的程度，使各种社会服务能够高效地提供。

5. 构建绿色和谐的生态空间

乡村振兴的根本目的是满足广大农民对美好幸福生活的愿望，是推动农业农村的全面协调发展。2018 年中央一号文件指出，要"推进乡村绿色发展，打造人与自然和谐共生发展新格局"，文件提出：乡村振兴，生态宜居是关键。2019 年中央一号文件指出，"扎实推进乡村建设，加快补齐农村人居环境和公共服务短板""加强农村污染治理和生态环境保护"。良好生态环境是农村的最大优势和宝贵财富。农业农村生态环境保护是新时代生态环境保护的重要内容，我国农业发展不仅要杜绝生态环境欠新账，而且要逐步还旧账，通过打好农业面源污染治理攻坚战，推进农业绿色发展，建设绿色自然的乡村生态空间。

生态环境与农村居民的日常工作和生活具有紧密联系，实现乡村振兴的一个重要前提就是创建良好的生态环境，本身乡村的基础设施及公共服务就落后于城市，如果其生态环境也堪忧，那么将难以留住村民、吸引人才，如果人口大量进城，尤其是青壮年外出务工并定居城市，乡村的建设、管理等各项事业也就无从谈起，乡村振兴也只能是一句空话。而青山绿水得以保留，生态环境宜人，同时产业兴旺，能够为村民提供丰富的就业岗位或渠道，必将吸引人才回归，共创美好乡村，实现乡村振兴。

6. 创设功能复合多元的公共空间

城市的公共空间主要是指公园、广场等场所，而乡村的公共空间具有更多面的功能，可以说这是一个社会的有机整体，农村居民会在这个公共空间内从事从事农业生产活动、休闲娱乐活动和集会活动等，可以看出，乡村公共空间的功能更为复合多元。

乡村公共空间一般为人们可以自由进入并进行各种思想交流的公共场所。例如，位于村庄中的寺庙、戏台、祠堂、集市等场所能够满足村民组织集会、红白喜事等活动。

虽然乡村公共空间本身就具有功能复合性，但这种复合化程度会随着社会和农村的发展而进一步增强。从乡村公共空间的发展历史及现代化的使用要求来看，主要有乡村信仰、乡村生活、乡村娱乐、乡村政治等方面的使用要求。

乡村信仰公共空间通常是指农村居民从事祖先祭拜、民间信仰等活动的空间及场所，如祠堂、寺庙等。尤其是那些家族聚集的乡村地区，祠堂是从事信仰活动的主要场所，主要涉及孝道、传宗接代等伦理道德文化，对于规范代际关系、凝聚宗族力量具有重要作用。这些空间以及以此开展的相关活动潜移默化、润物无声地影响着农民的道德伦理、行为规范。

农村居民不论是在日常生活中还是在学习工作中，都会产生一定交往、表达、参与与分享的需要，因此就会形成一定公共空间满足他们这些需要，村民可以在这个平台空间上进行相互交流、感情沟通。农民在闲暇时间一起在村头、树下、河边、商店门口等公共场所聊天。

科学技术的创新发展为农业农村发展带来福利，农业生产率和农村生产力水平得到显著提高，农村居民的生活质量也有了大幅提升，相较于从前，农村居民拥有了更多的个人闲暇时间，他们需要更多的精神享受和文化娱乐。公共空间可以为农民提供文化需要，在没有增加农民货币支出的情况下增加农民的幸福快乐，是一种"低消费、高福利"的文化生活方式。娱乐性文化活动为农民在农忙之余提供了相互交往、相互联系的公共空间，娱乐的同时也成为农民的一种健康文化生活方式，能够为其提供生活意义和乡土尊严。

7. 继承和发展乡村本土文化

文化产生于各种环境中，产生于乡村这一特殊环境下的便是乡村本土文化，农村居民是这种文化的主体，这些文化随着农村发展而发展，在这个过程中影响着广大农民。乡村文化是指与当地的生产生活方式能够紧密关联在一起，并且能够适应本地区村民的物质精神两方面需要的文化。建设新型乡村文化，实际上就是促使传统乡村文化转变为现代乡村文化，体现为乡村文化现代化的过程，这意味着数亿农民生存方式和价值观念的根本性变革，意味着乡村文化主体的农民形象的再塑造。

（二）美丽乡村空间规划的基本模式

1. 散点状村庄空间规划模式

散点状村庄具有数量多、规模小的特点，村庄分布比较均匀，通常这类村庄集中于丘陵地区、浅山区域，以及河流水系网状分割的平原区。

对这类乡村进行空间规划，科学合理的道路交通布局和配套的公共服务设施建设是其重点和难点。规划可以考虑在不影响村民日常生活生产等情况下进行适当的搬迁，减少不必要的道路等基础设施的投入。

进行散点状乡村空间规划时，基于其与带状城市的一定共同特征，可以在一定程度上参考带状城市的模式，通过一条主路，把乡村的居民、村委会、学校、卫生室等空间有机连接起来。主路规划应充分挖掘并延续现有的道路，要依其自然，使之成为景观优势。在完善道路系统的时候，要根据居民住宅的分布来延伸道路，形成自由式道路网。其他次要的村庄可以用次级道路进行连接，以满足基本的通行要求。对于分散的村庄之间，可以利用田间或林间路,经济条件允许的可以进行硬化,一般情况可以采用砂石路,既满足交通联系的要求,又不增加村民的经济负担。

配套的公共服务设施建设是建设美丽乡村的重要内容,开展这项工作必须以了解乡村的实际情况为前提,相关部门和人员可以结合村口、村委会等大部分村民便于到达或经常路过的地方,一般尽量相对集中布置,便于村民使用或管理。这类乡村一般规模不太大,人口不多,相关设施不要贪大求全,而要以群众实际需要为主,公共服务设施以灵活布置为主。

2. 集中型村庄空间规划模式

集中型村庄是一种常见的村庄形式,大多集中于地势平坦的平原地区,这是大型村庄的典型模式。通常集中型村庄的规模较大,这意味着村庄内的各类建筑和民宅相对密集。

对于集中型村庄而言,对既有空间进行科学合理的改造是空间规划的重点及难度。大部分历史上形成的集中型村庄受当时的社会经济环境限制,街道狭窄、房屋密集、公共空间不足,而汽车、电器等现代产品的介入,对道路交通、消防等提出了新的要求与标准,那么在村庄规划中,对交通设施即交通管理、安全疏散、环境卫生等需要重点考虑。

集中型村庄具有道路繁多且密集的特征,并且农村道路通常比较狭窄,这对空间规划和建设形成了一定限制。因此,在规划建设过程中,要明确村庄道路功能及相应级别,完善道路系统,高效组织交通,明确车行路、人行路、车辆单向通行道路、应急通行道路等,同时要在村口等适当的地段设置停车场,满足村民或外来人员车辆的停放,防止村庄内部道路堵塞。

村庄公共空间及公共设施的建设要充分利用及强化村庄中心的功能,加强控制引导,防止占用。围绕村庄中心逐步完善各类公共服务设施,提升村庄中心的吸引力与凝聚力。

同时,一些农村内部存在一定数量的年久失修的危旧建筑,为了保证村民安全以及更合理地规划空间,可以适当拆除这些建筑,使其成为公共开敞区域,这样既可以形成丰富的内部院落空间,与村庄中心形成不同层次的开放空间,又对营造和谐的邻里关系具有重要的意义。

3.组团型村庄空间规划模式

组团型村庄相较于散点状村庄更为集中,而相对于集中型村庄又较为分散,这是我国分布较多的村庄空间模式。这类村庄因地制宜,与现状地形或村庄形态结合,能较好地保持原有社会组织结构,对自然环境的破坏较低。对这类村庄进行空间规划时,主要考虑如何提高土地利用率、科学配置公共设施、合理建设基础设施等方面。

通常组团型村庄缺乏系统合理的道路系统,道路本身级别较低。因此,在进行道路规划时,应该主要结合原有村庄和地形条件,充分利用现有道路进行规划,重点提高组团间和对外交通的联系程度,在加强各个组团居民点之间的联系的同时,逐步完善各个组团内部的道路体系。

建设并完善组团式村庄的配套公共服务设施十分困难,因为这必须对乡村的空间位置、人口规模等因素进行充分了解和考量,以此为基础进行灵活配套,多以小型设施为主。如果村庄各组团之间距离较大,则需要将公共服务设施分散设置,这将导致相关设施利用率不高,造成有限的社会资源的浪费,如果集中设置,则会导致如学生上学路途较远等问题,对于低龄学生,问题更是难以解决。因此,如何提高组团型村庄的土地利用率,高效合理配置公共服务设施及基础设施,提高村庄的整体效益显得至关重要。

二、建设美丽乡村,进行科学的生态治理

(一)加强乡村环境治理

1.将环境保护纳入村镇建设规划体系

围绕乡村振兴战略建设农村的过程中,首先需要结合实际情

况对村镇建设进行整体规划，而为了建设美丽乡村这一目标，应该将环境指标纳入规划和评价体系中，避免建设过程中因忽略环境因素而造成灾难性后果；保证环境规划与村镇规划、环境建设与村镇建设、环境管理与村镇管理同步进行，把小城镇环保工作纳入干部政绩考核。

2. 建立并完善农村环境保护法律制度

加强农村生态环境治理，科学且严格的法律法律法规是相关工作顺利展开的重要保证，并且农村环境保护法律体系还是农村环保制度设计和政策执行的根据，构建农村环保法律法规体系，需在科学立法、严格执法、法律监督等方面下功夫。在立法的过程中，需要克服"经济至上"的惯性思维，按照"谁污染谁治理"的原则立法。应抓紧研究、完善有关农村环境保护方面的法律，研究制定村镇污水、垃圾处理及设施建设的政策、标准和规范，对重要饮用水水源地等水环境敏感地区，制定并颁布污染物排放及治理技术标准。各地结合实际尽快制定和实施一批地方性农村环境保护法规、监测制度和评价标准，鼓励地方对农村环境法规规范领域进行探索，尽快填补农村环保法律的空白和盲区。

3. 构建并完善农村环境管理监测体系

切实有效的监测为农村环境保护工作落实到位提供重要标准，通过监督和追责的方式可以在一定程度上避免相关工作人员和领导玩忽职守而产生严重后果。加大上级环保部门对下级环保部门在执行环保法律法规方面督查和考核的力度，对违法乱纪责任人必须严格追究相关法律责任。建立严格的环保问责制度和绿色 GDP 考核制度，杜绝以 GDP 为唯一目标的发展方式，实行政府负责人环保负责制。要加快将农村环境保护作为重要指标纳入政府考核体系，并明确加以规定。

同时，应该积极推行公众参与。发展环境保护事业要保障人民群众的监督权，推进信息的透明公开，健全公众参与机制。同时，积极报道和表彰环境保护工作中的先进分子。尽快建立公众参与环境保护监督机制,拓宽农民大众参与环境保护的途径,只有把政府的强制管理和个体的自觉遵守结合起来,农村的环境保护工作才能真正地事半功倍。

4.积极开展环保宣传教育活动

在农村开展环境保护工作,一个重要的方面是转变农村居民的传统思想,要让他们正确认识环保及其重要性。需要注意的是,在农村居民中开展环保宣传教育时,要充分考虑农村居民文化知识水平普遍较低的现实,可采用一些农民喜闻乐见的形式和素材。建立和完善公众参与机制,鼓励和引导农民及社会力量参与、提倡农村环境保护。

5.加大对农村环境保护的财政投入

农村环境保护和治理是一项系统工程,需要耗费的大量财力,单纯依靠农村自己并不实际,因此国家相关部门应该加大在这方面的财政投入,支持农村环境保护,设立农村环境污染税费制度,明确各级政府的农村环境保护职能范围,统筹农村环境保护工作,整合对基层政府的转移支付资金以及突出财政支持重点等。

通过以上分析可以看出,当前我国农村环境保护和治理面临诸多问题,想要解决这些问题需要很长时间的持续努力。因此,农村环保工作既要解决当前突出问题,更要探索新路径,建立长效机制,为农村长远发展奠定基础。作为国家管理者,各地政府要把农村环保工作当作重点工作开展,学习借鉴国内外成功经验,并积极探索适合当地特点的农村环保之路,加强农村环境保护工作,改善农村环境,切实保护农民群众的生存环境。

（二）完善自然村落整治

1.自然村落整治的主要内容

（1）农村道路改造。对村内的主要道路进行标准硬化。合理布局村内路网,努力实现户户通路,切实改善村民交通出行条件。加快危桥改造,方便农民出行。(2)农宅墙体整修。根据农民的意愿和计划方案的要求,对村民住宅外墙统一形式和颜色,达到村落房屋色彩统一,实用美观。(3)生活污水处理。给水、排水系统完善,管网布局规范合理,自来水入户率达到100%。农村生活污水集中处理。(4)村庄环境整治。统一进行环境整治,拆除危房和违章建筑,对乱堆放的固体废弃物进行清理,做到无乱搭乱建乱堆现象。(5)河道疏浚净化。保护好村域内现有的水面,实行常年保洁,对濒临废弃、垃圾杂草滋生的黑臭河道进行疏浚、填堵,保障基本水质达标,水清岸绿。(6)农民住宅改厕。积极推进农村卫生厕所改造,农宅改厕率100%,村有公共卫生厕所并达标。

2. 自然村落整治的主要途径

首先,构建合理的组织领导体系,建立工作机构。成立由有关部门组成的领导小组,明确工作目标和任务,加强不同部门的分工协作,落实各个部门的责权关系。领导小组主要负责自然村落改造工作的统筹、指导和检查验收:各镇成立相应的小组或机构,确保有分管领导、把责任落到实处。自然村落改造的具体实施:区农委、规划局等相关部门,按职能分工,明确职责、密切配合,强化服务、齐抓共管、形成合力。把这项工作列入对各级部门的考核中,建立奖惩制度。

其次,明确科学合理的治理方案,制订并完善工作计划。在制订和优化自然村改造的实施方案和工作计划时,应该保证各相关部门的共同参与,要经过多次磨合与修改得出最终结论。自然村落改造方案以设计文本为主,详细说明基本概况、改造项目、空间优化、配置设施、投资预算等。工作计划包括宣传发动、组织实施、总结评估和有关建议等内容。坚持从当地实际出发,因地制宜,量力而行,确保方案的科学性、可行性和实效性。

再次,推进部门间有机协作,因地制宜开展工作。加强对相关部门的组织协调，一切以农民的利益为出发点和落脚点，因地制宜地发展。

最后，加强管理队伍建设，构建并完善长效机制。正确处理好集中建设与长效管理的关系。坚持建管结合，建管并重。试点村制定村规民约，列为文明家庭评比内容，探索长效管理机制。

第三节　采用高新技术，发展智慧农业

一、农业发展进入信息化时代

（一）信息化成为现代农业发展的制高点

在当前的知识经济时代，科学技术是推动产业发展的核心力量，是推动人类社会持续发展的重要能源。从全球农业生产发展进程可以看出，每一次科技和工具上的重大突破，都将农业推上一个新的台阶，推向一个新的历史时期。

信息技术在21世纪得到了飞跃式发展，这在我国的农业生产经营中也有所体现，尤其是随着农业现代化发展的不断推进，信息化技术在农业生产经营中逐渐得到了广泛应用。农业信息化在农业生产经营管理、农业信息获取及处理、农业专家系统、农业系统模拟、农业决策支持系统、农业计算机网络等方面都极大地提高了我国农业生产科技水平和经营效益，进一步加快了农业现代化发展进程。目前，农业信息化的应用和发展主要呈现出以下特征。

1. 农业信息网络化迅猛发展

据估计全国互联网上的农业信息网站超过5万家。农业信息网络化的发展，使广大农业生产者能够广泛获取各种先进的农业科技信息，选择和学习最适用的先进农业技术，了解市场行情、政策信息,及时进行农业生产经营决策,有效地减少农业经营风险,获取最佳的经济效益。

2. "数字农业"成为农业信息化的具体体现形式

随着大数据技术的发展,该技术越来越多的应用在各个领域,农业大数据就是大数据的理念、技术和方法在农业领域的具体应用与实践。我国已进入传统农业向现代农业加快转变的关键时期,突破资源和环境两道"紧箍咒"制约,破解成本"地板"和价格"天花板"双重挤压,提升我国农业国际竞争力等都需要农业大数据服务作为重要支撑。

3. 农业信息化向农业全产业链扩散

随着农业信息化的发展,信息技术的应用不再局限于农业系统中的某一有限的区域、某一生产技术环节或某一独立的经营管理行为。它的应用已扩展到农业系统中的农业生产、经营管理、农产品销售以及生态环境等整个农业产业链的各环节和各领域。

当前,网络信息技术在农业领域的应用越来越普及,现代农业的发展离不开对信息化技术的应用,现代农业与信息技术的有机融合为农业生产的各个领域带来了新的活力,以物联网、大数据、云计算、移动互联、人工智能等为主要特征的信息技术和科技手段与我国农业、农村与农民深入跨界融合,为我国由传统农业向现代化农业实现转型升级不断积蓄力量。

(二)信息技术助推农业全产业链改造和升级

从农业全产业链的角度来看,信息技术有效地推动了现代农业全产业链的不断升级,现代农业对信息技术的应用带动了我国农业生产智能化、经营网络化、管理数据化和服务在线化水平的不断提升。

1. 农业大数据积极实践

随着现代信息技术发展,大数据技术成为广泛应用于各个领域的现代化技术。具体来说，大数据是指海量数据的集合，是国家的基础性战略资源，大数据已发展为发现新知识、创造新价值、提升新能力的新一代信息技术和服务业态。农业大数据作为大数据的重要实践，正在加速我国农业农村服务体系的革新。基于农业大数据技术对农业各主要生产领域在生产过程中采集的大量数据进行分析处理，可以提供"精准化"的农资配方、"智慧化"的管理决策和设施控制，达到农业增产、农民增收的目的；基于农村大数据技术的电子政务系统管理，可以提升政府办事效能，提高政务工作效率和公共服务水平；基于农业农村海量数据监测统计和关联分析，实现对当前农业形势的科学判断以及对未来形势的科学预判，为科学决策提供支撑，成为我国农业监测预警工作的主攻方向。目前，农业大数据在我国已具备了从概念到应用落地的条件，迎来了飞速发展的黄金机遇期。

2. 电子商务迅猛发展

在"互联网+"时代，电子商务迎来了飞速发展。电子商务是以网络信息技术为手段，从事商品交换业务的商务活动，是传统商业与网络信息技术的有机结合。电子商务与农产品经营深入融合，突破时间和空间上的限制，正在转变我国农产品的经营方式，农业电子商务依托互联网已经成为推动我国农业农村经济发展的新引擎。一是电子商务加速了农产品经营网络化，解决农产品"卖难"的问题，增加农产品销售数量，并倒逼农业生产标准化、规模化，提高农产品供给的质量效益，提高了农民的收入水平；二是电子商务促进了农业"小生产"与"大市场"的有效对接，从一定程度上改变了以往农产品产销信息不对称的局面，农民可以主动调整农业生产结构，规避生产风险，提升了农业生产的效率；三是电子商务拓展了农产品分销渠道，解决农产品销路不畅的窘境，提高了农民生产农产品的积极性。

3. 物联网技术有机融合

物联网技术是信息技术发展到一定程度的产物，也是实现智能化的基础，随着物联网技术与农业生产的有机融合，使农业自动化控制、智能化管理等成为可能，很大程度上提高了我国农业生产效率。物联网技术基于信息感知设备和数据采集系统获取作物生长的各种环境因子信息（感知层），结合无线和有线网络等完成信息的传送与共享（传输层），将信息保存到信息服务平台（平台层），基于模型分析，通过计算机技术与自动化控制技术实现对作物生长的精准调控以及病虫害防治（应用层），降低农业资源和劳动力成本，提高农业生产效率。近年来，随着芯片、传感器等硬件价格的不断下降，通信网络、云计算和智能处理技术的革新和进步，物联网迎来了快速发展期。据统计，2017 年全球物联网设备数量达到 84 亿，比 2016 年的 64 亿增长 31%，2020 年物联网设备数量将达到 204 亿。① 物联网未来在农业生产领域将发挥越来越重要的作用。

（三）精准农业促进农业生产过程高效管理

信息技术在现代农业发展中起到了越来越重要的作用，在农业生产的过程中，依靠网络信息技术基本上实现了精准农业，精准化是现代农业发展的重要特征和趋势。精准农业是按照田间每一操作单元的环境条件和作物产量的时空差异性，精细准确地调整各种农艺措施，最大限度地优化水、肥、农药等投入的数量和时机，以期获得最高产量和最大经济效益，同时保护农业生态环境，保护土地等农业自然资源。

可以看出，现代农业生产与信息技术具有密不可分的联系，信息技术在现代农业生产中发挥着不可取代的重要作用。在产前阶段，通过传感器、卫星通信等感应导航技术，可以实现对农机作业的精准控制，提高农机作业效率；在中产阶段，通过精准变量施肥、打药控制技术，可以实现肥料的精确投放，提高肥料利用

---

① 2018 年物联网行业现状分析 中国物联网产业发展取得长足进步 [EB/OL].https://www.qianzhan.com/analyst/detail/220/180323-d108e508.html.

效率；在产后阶段，利用采摘机器人，可以实现对设施园艺作物果实的采摘，降低工人劳动强度和生产费用。

（四）信息化成为破解农业发展瓶颈的重要途径

改革开放以来，我国在各个领域获得了飞跃式发展，农业领域同样得到了长足发展，我国农业发展速度得到了快速提升，但不可否认的是，我国农业生产整体水平仍然处于传统农业生产阶段，当前最主要的任务是推动我国农业的现代化发展。人口的增长、资源的短缺以及环境污染的日趋加重，严重制约着我国农业的可持续发展，迫切需要转变农业发展方式，加快农业结构调整，而农业农村信息化建设成为破解以上难题的重要途径。

1. 人口增长和资源约束，要求我国提高农业生产能力

改变传统的生产方式，迫切需要突破产业发展的技术瓶颈，而信息技术在这方面将大有可为。目前我国农业信息化建设在数据库、信息网络、精细农业以及农业多媒体技术等领域都取得了一定突破，成为我国农业提质增效，破解我国农业发展瓶颈的新引擎。

2. 农业生产影响因素多，要求我国提高信息收集和处理能力

我国农业属弱势产业，受自然因素、经济因素、市场因素、人为因素影响较大，对信息的需求程度要高于其他行业。开发农产品供需分析系统、市场价格预测系统和农业生产决策系统等，可辅助农业生产者合理安排相关生产，减少生产盲目性，最大限度地规避来自各个方面的风险。

3. 基础知识和技术支撑限制，农民信息能力较差

由于信息技术在农村地区普及较晚，导致我国农民信息资源利用的意识和积极性不足，缺乏有效利用信息技术的知识和能力，农业信息传播效率不高。信息进村入户工程，通过开展农业公益服务、便民服务、电子商务服务、培训体验等服务途径，提高

农民现代信息技术应用水平，正在成为破解农村信息化"最后一公里"问题的重点农业工程。截至 2016 年 10 月，我国已在 26 个省（自治区、直辖市）的 116 个县试点建成运营 2.4 万个益农信息社，[①]为农民打通了信息获取通道，探索出了一系列切实可行的农业农村信息化商业运行模式。

二、智慧农业技术环境的营造

（一）智慧农业环境的重要性

1. 生产信息化环境是提升农业生产智能化水平的基础

农业是国民经济的基础部门，直接关系一个国家最基本的民生问题。因此，农业的发展程度对于国家发展来说具有重要意义，而农业的信息化、智慧化程度可以从某种角度反映农业的发展情况。物联网技术在农业生产和科研中的引入与应用，将是现代农业依托现代信息化技术应用迈出的一大步。物联网技术与农业结合可以改变粗放的农业经营管理方式，提高动植物疫情、疫病防控能力，确保农产品质量安全，保障现代农业可持续的发展方向。

近年来，我国大力推进物联网的发展，国家物联网应用示范工程智能农业项目和农业物联网区域试验工程建设已经成为我国重要的建设工作，是我国在建设农业信息化道路上重要探索之一，已经取得重要阶段性成效。我国已经在黑龙江、江苏、内蒙古、新疆、北京等多地相继开展了国家农业物联网应用示范工程，同时在天津、上海、安徽等地开展了农业物联网区域试验工程。

物联网的发展和应用为各个领域实现智能化提供了可能，在农业方面也是如此，农业通过对物联网设备的应用很大程度上提

---

① 陈艺娇.农民得实惠、企业有钱赚、政府得民心 信息进村助力"三农"新跨越[J].
农家参谋，2016（12）：6-7.

升了自身的智能化水平。在大田种植方面，大田种植物联网在"四情"监测、水稻智能催芽、农机精准作业等方面实现大面积应用，大幅提升生产设备装备的数字化、智能化水平，加快推广节本增效信息化应用技术，提高农业投入品利用率，改善生态环境，提高产出品产量和品质。在畜禽养殖方面，畜禽养殖物联网在畜禽体征监测、科学繁育、精准饲喂、疫病预警等方面被广泛应用。如所建设的"物联牧场"工程，实现了畜禽养殖的身份智能识别、体征智能监测、环境智能监控、饲喂护理智能决策。在水产养殖方面，水产养殖物联网在水体监控、精准投喂、鱼病预警、远程诊断等方面大规模应用。如将物联网设备用于养殖水质实时监控、工厂化养殖监测、水产品质量安全追溯、养殖专家在线指导等，实现养殖全产业链的监控和重点养殖区养殖生产的智能化管理，有效提高水产养殖生产效率，促进水产养殖业转型升级。在设施园艺方面，设施园艺物联网在环境监控、生理监测、水肥一体化、病虫害预测预警等方面实现智能化水平明显提升。

此外，我国还不断加强农业公共服务平台的建设，积极运用物联网技术，大大提高了平台的标准化，为农业物联网技术应用、集成创新、仿真测试、主体服务提供了良好的硬件设施和软件环境。先后接入了北京市农林科学院设施云公共服务平台、中国农业大学水产物联网平台、天津奶牛养殖物联网应用平台、黑龙江农垦精准农业物联网应用平台、江苏水产养殖物联网应用平台、安徽小麦"四情"物联网监测平台、山东设施蔬菜物联网应用平台等国内领先的农业物联网应用服务系统。

2. 经营网络化环境是发展农产品电子商务的基础

农业是国民经济的基础部门，是关乎民生的基础性行业，其具有地域性强、季节性强、产品的标准化程度低等特点，并且由于其具有这些特点导致其具有较高的自然风险和市场风险。电子商务是通过电子数据传输技术开展的商务活动，能够消除传统商务活动中信息传递与交流的时空障碍。农业电子商务把线下交易流程完全搬到网上,将有效推动农业产业化的步伐,促进农村经济发展,最终实现传统农业交易方式的转变。

随着网络信息技术的发展,我国电子商务迅猛发展,在农业与电子商务有机融合后,农业电子商务成为我国电子商务领域中最具潜力的产业形态之一,而农业电子商务的发展也在很大程度上推动了我国农业现代化和产业化发展。农业电子商务异军突起,农产品电子商务保持高速增长,电商平台不断增加,农产品电商模式呈现多样化发展,正在形成跨区域电商平台与本地电商平台共同发展、东中西部竞相进发、农产品进城与工业品下乡双向流通的发展格局。统计数据显示,2016 年农产品网络零售交易额超过 2 200 亿元,比 2013 年增长 3 倍以上,农产品电商交易平台已超过 4 000 家。自 2010 年至今,阿里平台农产品销售额的年均增速为 112%,农产品销售额在 2010 年达 37 亿元,在 2013 年淘宝网生鲜产品(包括水产、肉类和水果)的增速高达 195%,居所有品类排名首位。2013 年全国生鲜电商交易规模 130 亿元,同比增长 221%。我国农产品电商发展势头迅猛。[①]

农产品的质量安全是一个社会公众极为重视的问题,尤其是随着人们对健康的关注越来越强,这更成为不可忽视的重要问题。基于此,我国已经初步构建了农产品质量安全追溯体系,有效支撑了农产品电子商务健康、快速发展。

此外,农业的发展形式越来越多样,不断涌现出新的农业电子商务平台和模式,这在很大程度上丰富了我国电商发展的模式和理论;农产品网上期货交易稳步发展,批发市场电子交易逐步推广,促进了大宗商品交易市场电子商务发展;新型农业经营主体信息化应用的广度和深度不断拓展,大大提升了我国农业产业化经营水平。

---

① 唐珂."互联网+"现代农业的中国实践[M].北京:中国农业大学出版社,2017,第 12 页.

3. 信息化管理、服务和基础支撑能力不断加强

大数据技术与农业的有机融合有效地推动了农业农村管理的效率，对于农业现代化建设来说具有重要的作用和意义，并且农业大数据已经逐渐成为支撑和服务我国农业现代化发展的重要基础性资源。

第一，农业管理信息化不断深化，初步实现了农业管理过程的规范化、自动化和智能化。第二，通过积极利用各种信息化技术，我国农业服务信息化程度和水平不断提高，农业信息服务体系、平台和机构也在此过程中得到不断完善。第三，农业基础支撑能力明显增强，持续支撑我国农业农村信息化建设。

（二）构建良好智慧农业环境

1. 加强人才培养，提供智力支撑

推动农业现代化建设，加快智慧农业发展，最基础也是最核心的力量就是人才，因此我们必须加强人才的培养，为智慧农业发展提供良好的人才环境，为农业发展输送具有较强现代信息能力和现代农业和市场营销能力的复合型服务人才，积极投身"互联网＋"现代农业，形成一批应用领军人才和创新团队。同时，我们应该建设并完善储备梯次人才体系，以此为智慧农业发展提供足够的人才储备。

2. 培育信息经济，推动产业协同

（1）推进信息经济全面发展。信息时代，推动智慧农业发展必须充分利用信息技术，这就要求我们大力发展信息经济。第一，面向农业物联网、大数据、电子商务与新一代信息技术创新，探索形成一批示范效应强、带动效益好的国家级农业信息经济示范区。第二，发展分享经济，加快乡村旅游、特色民宿与大城市消费人群的精准衔接，加大农机农具的共享使用，加快水利基础设施的共建共享。第三，加快"互联网＋"农业电子商务，大力发展农

村电商进一步扩大电子商务发展空间。

（2）推动产业协同创新。推动农业现代化建设和智慧农业发展，需要加强农业与其他产业的一协同创新，以此实现农业的产业链延伸，并推动农业更好地实现智能化。第一，构建产学研用协同创新集群，创新链整合协同、产业链协调互动和价值链高效衔接，打通技术创新成果应用转化通道。第二，推进线上线下融合发展行动，推动商业数据在农业产供销全流程的打通、共享，支持数据化、柔性化的生产方式，探索建立生产自动化、管理信息化、流程数据化和电子商务四层联动、线上线下融合的农业生产价格模式。第三，完善城乡电子商务服务体系，加大政府推动力度，引导电子商务龙头企业与本地企业合作，充分利用县乡村三级资源，积极培育多种类型、多种功能的县域电子商务服务，形成县域电子商务服务带动城乡协调发展的局面。第四，开展"电商扶贫"专项行动，支持贫困地区依托电子商务对接大市场，发展特色产业、特色旅游，助力精准扶贫、精准脱贫。

3. 加快技术创新，推进产业融合

（1）加强信息技术与农业产业的融合发展

首先，从农业生产的角度来说，应该加强现代信息技术与农业生产的深度融合，这主要是指物联网、大数据、空间信息、智能装备等现代信息技术与种植业、畜牧业、渔业、农产品加工业的全面深度融合和应用，构建信息技术装备配置标准化体系，提升农业生产精准化、智能化水平。其次，促进农业农村一、二、三产业融合发展，重构农业农村经济产业链、供应链、价值链，发展六次产业。最后，建立新型农业信息综合服务产业，大力发展生产性和生活性信息服务，加快推进农业农村信息服务普及和服务产业发展壮大。

（2）推进自主先进的技术生态体系建设

发展智慧农业的重要基础是运用各种先进技术，因此我们必须构建良好的基础生态体系，为其发展提供良好的技术环境。第一，要按照农业发展的实际需要列出核心技术发展的详细清单和规划，实施一批重大项目，加快科技创新成果向现实生产力转化，形成梯次接续的系统布局。第二，围绕智慧农业，推进智能传感器、卫星导航、遥感、空间地理信息等技术的开发应用，在传感器研发上，瞄准生物质传感器，研发战略性先导技术和产品，研发高精度、低功耗、高可靠性的智能硬件、新型传感器。第三，围绕农业监测预警，加强农业信息实时感知、智能分析和展望发布技术研究，时刻研判产业形势，洞察国内外农产品市场变化，提升中国农业竞争力和话语权。第四，构建完整的农业信息核心技术与产品体系，打造"互联网+"现代农业生态系统。围绕"三农"需求加快云计算与大数据、新一代信息网络、智能终端及智能硬件三大领域的技术研发和应用，提升体系化创新能力。

4. 完善基础设施，夯实发展根基

首先，发展智慧农业需要推动"宽带中国"战略实施，加强信息基础设施建设，建成高速、移动、安全、泛在的新一代信息基础设施。根据实际情况，明确发展目标。力争到2020年，98%的行政村实现光纤通达，有条件的地区提供100Mbps以上接入服务能力，半数以上农村家庭用户带宽实现50Mbps以上灵活选择；4G网络覆盖城乡，网络提速降费取得显著成效。通过推进宽带乡村建设，力争中西部农村家庭宽带普及率达到40%。

其次，加强对先进网络信息技术的应用，推动以移动互联网、云计算、大数据、物联网为代表的新一代互联网基础设施的建设。以应用为导向，推动"互联网+"基础设施由信息通信网络建设向装备的智能化倾斜，加快实现农田基本建设、现代种业工程、畜禽水产工厂化养殖、农产品贮藏加工等设施的信息化。构建基于互联网的农业科技成果转化应用新通道，实现跨区域、跨领域的农业技术协同创新和成果转化。

最后，推动智慧农业平台建设，主要包括农村电子商务综合管理平台、公共信息服务平台、商务商业信息服务平台等，充分利用互联网等现代技术，提高农业生产经营的智能化水平。加快实施信息进村入户工程。搭建信息进村入户，这条覆盖三农的信息高速公路，把60万个行政村连起来，把农业部门政务、农业企业、合作社衔接起来，吸引电商、运营商等民营企业加入进来，为农民提供信息服务、便民服务、电子商务，实现农民、村级站、政府、企业多赢。

参考文献

[1] 沈琼.新型职业农民培训读本 [M].北京：中国农业出版社,2019.

[2] 孙景淼等.乡村振兴战略 [M].杭州：浙江人民出版社,2018.

[3] 代改珍.乡村振兴规划与运营 [M].北京：中国旅游出版社,2018.

[4] 张勇.《乡村振兴战略规划（2018—2022 年）》辅导读本 [M].北京：中国计划出版社,2018.

[5] 姜长云.乡村振兴战略：理论、政策和规划研究 [M].北京：中国财政经济出版社,2018.

[6] 孔祥智.乡村振兴的九个维度 [M].广州：广东人民出版社,2018.

[7] 陈勇,唐红兵,毛久银.乡村振兴战略 [M].北京：中国农业科学技术出版社,2018.

[8] 李艳蒲,穆永海,张秀昌.乡村振兴与美丽乡村建设 [M].北京：中国农业科学技术出版社,2018.

[9] 杨巧利.美丽乡村建设 [M].北京：中国农业科学技术出版社,2018.

[10] 袁海平,顾益康,李震华.新型职业农民素质培育概论 [M].北京：中国林业出版社,2017.

[11] 干永福,刘锋.乡村旅游概论 [M].北京：中国旅游出版社,2017.

[12] 农业部农民科技教育培训中心组．新型职业农民培训规范 [M]. 北京：中国农业出版社，2017.

[13] 农业部科技教育司，中央农业广播电视学校．2016 年全国新型职业农民发展报告 [M]. 北京：中国农业出版社，2017.

[14] 刘洁．农民专业合作社的制度优化与绩效提升 [M]. 北京：社会科学文献出版社，2017.

[15] 丁士安．农村电商营销创业全书 [M]. 北京：中华工商联合出版社，2017.

[16] 孙中华．深化农村改革研究与探索 [M]. 北京：中国农业出版社，2017.

[17] 金海年．2049：中国新型农业现代化战略 [M]. 北京：中信出版社，2016.

[18] 张建波．中国农村金融供给状况及制度创新 [M]. 北京：经济科学出版社，2016.

[19] 陈中建，倪德华，金小燕．新型职业农业素质能力与责任担当 [M]. 北京：中国农业科学技术出版社，2016.

[20] 姚元福．农民专业合作社创建与经营管理 [M]. 北京：中国农业科学技术出版社，2016.

[21] 王学平，顾新颖，曹祥斌．新型职业农民创业培训教程 [M]. 北京：中国林业出版社，2016.

[22] 黄凯．休闲农业与乡村旅游 [M]. 北京：中国财富出版社，2016.

[23] 刘光．乡村旅游发展研究 [M]. 青岛：中国海洋大学出版社，2016.

[24] 骆高远．休闲农业与乡村旅游 [M]. 杭州：浙江大学出版社，2016.

[25] 郭永召，陈中建．农产品电子商务教程 [M]. 北京：中国农业科学技术出版社，2016.

[26] 傅泽田．互联网＋现代农业迈向智慧农业时代 [M]. 北京：电子工业出版社，2016.

[27] 刘德海 . 绿色发展 [M]. 南京：江苏人民出版社，2016.

[28] 海天电商金融研究中心 . 一本书读懂农业电商 [M]. 北京：清华大学出版社，2016.

[29] 刘磊 . 农村金融改革与发展研究 [M]. 北京：中国财富出版社，2016.

[30] 彭飞龙，陆建锋，刘柱杰 . 新型职业农民素养标准与培育机制 [M]. 杭州：浙江大学出版社，2015.

[31] 李秉龙 . 农业经济学 [M]. 北京：中国农业大学出版社，2015.

[32] 陈池波 . 农业经济学 [M]. 武汉：武汉大学出版社，2015.

[33] 王雅鹏 . 现代农业经济学 [M]. 北京：中国农业出版社，2015.

[34] 严瑞珍等 . 未来十年农业农村发展展望 [M]. 北京：中国农业出版社，2014.

[35] 张文远 . 农村金融 [M]. 北京：北京工业大学出版社，2014.

[36] 谢志忠 . 农村金融理论与实践 [M]. 北京：北京大学出版社，2014.

[37] 赵宪军，周剑 . 农产品市场营销 [M]. 北京：金盾出版社，2012.

[38] 蒋和平 . 中国特色农业现代化建设研究 [M]. 北京：经济科学出版社，2011.

[39] 李建军 . 农村专业合作组织发展 [M]. 北京：中国农业大学出版社，2010.

[40] 崔元锋 . 绿色农业经济发展论 [M]. 北京：北京人民出版社，2009.

[41] 王羽丹 . 农村小微企业电商发展的内部控制问题探究 [J]. 南方农机，2019，50（12）：69-70.

[42] 杨照东，任义科，杜海峰 . 确权、多种补偿与农民工退出农村意愿 [J]. 中国农村观察，2019（02）：93-109.

[43] 陈丽娟."互联网+"时代下农资行业互联网电商化转型研究[J].农村金融研究,2018(05):55-59.

[44] 叶诗凡.互联网背景下的农特微商发展分析[J].北方经济,2018(07):58-61.

[45] 张占耕.新时代中国特色农业现代化道路[J].区域经济评论,2018(02):102-111.

[46] 郭洋洋,金环.中国新型农村金融机构发展研究分析[J].时代金融,2018(24):52.

[47] 张浩,崔炎,于雷.生鲜农产品电商O2O模式的比较[J].江苏农业科学,2018,46(17):307-315.

[48] 王生录.基于服务三农的农村信用社金融创新路径[J].纳税,2018(26):165+167.

[49] 杨照东,任义科.体制环境与区域创新效率:基于理论与实证的分析[J].中央财经大学学报,2018(08):87-98.

[50] 陈楠,王晓笛.家庭农场发展环境因素及优化对策[J].经济纵横,2017(02):99-103.

[51] 张红宇,杨凯波.我国家庭农场的功能定位与发展方向[J].农业经济问题,2017,38(10):4-10.

[52] 朱婧,徐玲玲.农资O2O模式的崛起[J].企业管理,2017(12):72-74.

[53] 汪金锋,宫利影.互联网农业发展的若干思考——以农资电商平台"农商1号"为例[J].商场现代化,2017(11):52-54.

[54] 张乐,周诗倩.西北少数民族地区农村金融供给体系研究——以甘肃省为例[J].生产力研究,2017(08):46-50.

[55] 赵晓峰,邢成举.农民合作社与精准扶贫协同发展机制构建:理论逻辑与实践路径[J].农业经济问题,2016,37(04):23-29+110.

[56] 卢涛,邓俊森.基于"互联网+"的农特产品微商问题研究[J].农村经济与科技,2016,27(15):92-94.

[57] 朱彪."互联网+"背景下农村小微企业发展研究 [J]. 现代商贸工业,2016,37（28）: 6-7.

[58] 黄海荣,张国强,谭园,田甜.农村财政与金融供给机制研究——以重庆市为例 [J]. 改革与战略,2016,32（05）: 104-107.

[59] 李春香.农民工农村退出意愿及农村土地制度改革制度需求分析——以湖北问卷调查为例 [J]. 湖北社会科学,2015（10）: 80-85.